商事仲裁

基础实务与案例选

● 邓燕才 编著

华南理工大学出版社
·广州·

图书在版编目（CIP）数据

商事仲裁基础实务与案例选/邓燕才编著. —广州：华南理工大学出版社，2018.12
ISBN 978-7-5623-5842-8

Ⅰ.①商… Ⅱ.①邓… Ⅲ.①国际商事仲裁－案例 Ⅳ.①D997.4

中国版本图书馆 CIP 数据核字（2018）第 271777 号

商事仲裁基础实务与案例选
邓燕才　编著

出 版 人：卢家明
出版发行：华南理工大学出版社
　　　　　（广州五山华南理工大学 17 号楼，邮编 510640）
　　　　　http://www.scutpress.com.cn　E-mail:scutc13@scut.edu.cn
　　　　　营销部电话：020-87113487　87111048（传真）
责任编辑：陈　尤　王　磊
印 刷 者：虎彩印艺股份有限公司
开　　本：787mm×1092mm　1/16　印张：13.25　字数：280 千
版　　次：2018 年 12 月第 1 版　2018 年 12 月第 1 次印刷
定　　价：52.00 元

版权所有　盗版必究　　印装差错　负责调换

前　言

　　仲裁与诉讼，是当事人解决经济纠纷的两个主要法律途径。仲裁，又称"公断"，是指由双方当事人协议将争议提交第三者，由该第三者对争议的是非曲直进行评判并作出裁决的一种解决争议的方法。这里说的"第三者"通常是商会、协会等非官方机构。诉讼，就是由国家的司法机关法院审理、裁处纠纷。

　　仲裁早于诉讼。公元前621年，希腊的成文法律制度就包含有仲裁的内容，城邦之间发生争议，常常采用仲裁方式解决。我国古代村民邻里的纠纷，也往往是由村庄长老裁决。这是早期的仲裁。现代世界各国基本都通过立法确立了现代仲裁制度。

　　中华人民共和国成立后，中国仲裁经历了先有仲裁实践、后有仲裁立法的历程。受计划经济的影响，我国早期的仲裁是按照经济行业设立的，例如经济合同仲裁、对外经济贸易仲裁、经济技术合同仲裁、房地产纠纷仲裁、消费纠纷仲裁等。除了对外经济贸易仲裁外，其他仲裁与现代意义的商事仲裁有很大的不同：其机构设置基本依托于某一行业主管部门，如工商、建设、科技、经济、劳动等部门，仲裁员很多都是这些部门的行政官员，还没有社会化的概念；仲裁实行地域管辖；实行二裁终裁制，甚至可以上诉；仲裁机构设立运作的依据基本是政府法规、地方法规和一些部门规章；等等。

　　1995年9月1日，《中华人民共和国仲裁法》正式颁布施行，我国现代意义的商事仲裁才正式确立，这为民商事纠纷的双方当事人提供了一条解决争议的新途径。

　　仲裁是当今国际公认并广泛采用的解决争议的重要方式之一。国外通过仲裁解决经济纠纷已是非常普遍，国内随着仲裁法的颁布实施，越来越多的人开始了解、熟悉并选择仲裁方式来解决经济纠纷。

　　在我国目前的法律框架下，有三种形式的专业仲裁：商事仲裁、劳动争议仲裁、农村内部承包仲裁。劳动争议仲裁、农村内部承包仲裁具有鲜明的中国特色，而商事仲裁具有广泛的国际性。1958年6月10日在纽约召开的联合国国际商业仲裁会议上，有关成员国签署了《承认及执行外国仲裁裁决公约》。该公约规范了各成员国处理仲裁裁决的承认和执行问题。第六届全国人大常委会第十八次会议于 1986 年 12 月 2 日决定加入该公约组织。中国政府于 1987 年 1 月 22 日递交加入书，1987 年 4 月 22 日，该公约对我国生效。

在通常情况下，"仲裁"仅指商事仲裁。其他专业仲裁例如劳动争议仲裁、农村内部承包仲裁，一般是加上前缀"劳动""农村内部承包"这些专业术语来表述。商事仲裁，因为在解决纠纷中具有快捷性、实用性、专业性和高效性，已成为国际通行的经济纠纷解决方式。

在国际经济贸易往来中，因为仲裁在处理经济纠纷方面具有私密性较强、执行便利、尊重交易习惯等特点，得到交易双方广泛采用。《中华人民共和国仲裁法》颁布实施后，我国的仲裁业取得了快速的发展，目前全国的仲裁机构已达 250 多个，仲裁机构受理案件无国际、国内之别。

仲裁机构在处理经济纠纷案件时，与法院相比有许多共通之处，但在审理程序、意思自治、尊重交易习惯等方面具有自己的特点。本书的内容涵盖仲裁的概念、程序、实务以及仲裁案件处理中的一些具体问题。与其他述著不同的是，本书不刻意追求仲裁制度内容体系的完整性，而是以实务问题为导向。笔者选取的大多是肇庆仲裁委员会商事仲裁案例，也有一些案例来源于法院的公报，这些案例涵盖了经济贸易仲裁纠纷的多个领域，对于读者了解我国的商事法律制度或许有所裨益，这也是编者所期许的。

邓燕才
2018 年 8 月于肇庆仲裁委员会

目 录

仲裁基本知识

为何选择仲裁 ……………………………………………………… 3
仲裁的导航仪——仲裁规则 ……………………………………… 9
仲裁的关键——仲裁员 …………………………………………… 13
仲裁的成果——仲裁裁决 ………………………………………… 20
一议仲裁的外部监督——不予执行和撤销 ……………………… 23
再议仲裁的外部监督——双轨制与两条路 ……………………… 27
申请仲裁立案的窍门 ……………………………………………… 33
商事往来中，如何签订仲裁协议 ………………………………… 38
仲裁协议之争——案件该由谁管 ………………………………… 48
仲裁程序中应注意的问题 ………………………………………… 56
做个合格的仲裁员 ………………………………………………… 63
仲裁秘书是案件的小管家 ………………………………………… 69
仲裁的基本原则 …………………………………………………… 74
国际知名的商事仲裁机构 ………………………………………… 77

务实案例

本案的证人证言，仲裁庭为何不予采信 ………………………… 83
通过第三方支付的材料货款可否冲抵工程款 …………………… 86
违反法律规定的担保是否当然无效 ……………………………… 90
消防工程未经验收即交付使用，责任在谁 ……………………… 92
合同侵权之诉可否提交仲裁 ……………………………………… 94
二手楼交易中土地出让金应由谁负担 …………………………… 97
过了诉讼时效，仲裁庭该如何裁决 ……………………………… 99
搞错了被告怎么办 ………………………………………………… 101

其他业主违建，开发商就可以拒绝办理房产证吗……………… 103
合同被判无效后，各方责任如何划分……………………………… 105
开发商跑路，施工方可否对未完工程享有优先受偿………………… 107
无法按期收楼，购房者该如何追讨损失…………………………… 111
虚假投标后，合同推倒重来吗……………………………………… 113
租赁权可以抗辩抵押权吗…………………………………………… 115
复印件可否作为呈堂证供…………………………………………… 119
业主无能力供楼退房，开发商向银行承担连带责任……………… 126
房屋认购定金可以返还吗…………………………………………… 128
关于两个案件的律师费，仲裁庭为何作出截然相反的裁决……… 132
涉嫌犯罪的借款合同纠纷仲裁案，是否应中止审理或移交……… 136
借款纠纷案中，担保合同可以与主合同分离单独承担责任吗…… 138
借贷合同还没到期，为什么银行诉请借款人提前偿还本息……… 141
迟延履行借款合同，是否构成违约………………………………… 145
没有房产证，会影响租赁合同的法律效力吗……………………… 147
拖欠款费的违约金，什么时候起算………………………………… 151
未经董事会决议以公司名义为他人提供担保，其效力如何……… 154
借款合同提前收贷是否意味着合同解除…………………………… 157
抵押权预告登记人能否直接主张对抵押物行使优先受偿权……… 159
该案当事人没签仲裁协议，仲裁庭可否受理……………………… 162
丈夫借钱妻子同意抵押，妻子是仲裁案的适格主体吗…………… 167
是工程纠纷还是借款纠纷…………………………………………… 171
该案的合同争议既约定法院又约定仲裁时该如何处理…………… 174
公车拍卖仲裁案……………………………………………………… 180
两个合同中，应以哪个合同作为裁决的基本依据………………… 186
什么是仲裁过程中的"中间裁决"………………………………… 192
仲裁员担任案件代理人的困惑……………………………………… 197

后记：挑战与发展……………………………………………… 201

仲裁基本知识

为何选择仲裁

有民商事活动就必然会有经济纠纷,一旦发生经济纠纷,当事人都希望用最小的代价,快速、公平地解决纠纷。解决纠纷的途径主要有双方协商、第三方调解、仲裁、诉讼等。在这些途径之中,只有仲裁和诉讼被法律赋予强制执行力。当事人在选择仲裁前,必须了解仲裁。

一、商事仲裁

通俗来讲,商事仲裁就是经济贸易仲裁,是现代社会解决民商事纠纷的重要手段之一。它指在民商事活动中,当事人依据事先或事后达成的仲裁协议,自愿将他们之间已产生的或可能产生的商事争议,交给非官方的第三方进行审理和裁决的一种争议解决制度。

商事仲裁主要有三种形式:临时仲裁、友好仲裁和机构仲裁。临时仲裁也称紧急仲裁,就是指在没有仲裁机构参与下由仲裁员安排全部流程的仲裁,这是仲裁的最早形态。友好仲裁是指仲裁庭经双方当事人授权,在认为适用严格的法律规则会导致不公平结果的情况下,不依据法律规则,而是依据它所认为的公平的标准做出对当事人双方有约束力的裁决。机构仲裁是当事人根据其仲裁协议,将他们之间的纠纷提交给某一常设性仲裁机构所进行的仲裁。

目前我国的仲裁法只承认机构仲裁和友好仲裁。对于临时仲裁,根据《最高人民法院关于为自由贸易试验区建设提供司法保障的意见》,从 2017 年 1 月起在自由贸易区内施行。

国际上通过仲裁解决商事纠纷非常普遍。在国际化的大背景下,通过仲裁解决国际经济贸易争议具有相对更大的便利性,尤其是跨国公司在涉及跨境投资与贸易时,更青睐于选择仲裁。《中华人民共和国仲裁法》(以下简称《仲裁法》)第 2 条规定:"平等主体的公民、法人和其他组织之间发生的合同纠纷和其他财产权益纠纷,可以仲裁。"《仲裁法》所指仲裁即商事仲裁,这是我国商事仲裁存在和发展的法律基础。随着《仲裁法》的颁布实施,越来越多的人开始了解、熟悉并选择仲裁方式来解决经济纠纷。

作为一种解决纠纷的方式而言,商事仲裁是不同于法院诉讼的一种纠纷解决机制，其启动的前提必须是双方达成明确的仲裁协议或者仲裁条款，但其所作出的裁决与法院判决具有同等的法律效力，能获得国内法院甚至国外法院的承认和执行。

需要注意的一点是，商事仲裁的适用对象主要是民商事活动，也就是通常所说的经济贸易活动。具体来说，《仲裁法》第3条规定的"仲裁"不解决以下四类纠纷：一是依附于人身的权利义务纠纷，也称传统民事纠纷，如婚姻、收养、监护、扶养、继承等，这类纠纷由法院审理；二是法律规定应当由行政机关依职权处理的行政争议，如山林确权、行政处罚争议等，这类争议通过行政决定或行政诉讼解决；三是有关职工与用人单位之间关于劳动合同、工资、报酬、福利等方面的劳动纠纷；四是农业集体经济组织内部的农业承包合同纠纷，这类纠纷由专门的农业组织经济仲裁机构处理。我国法律确定了专门的争议解决机制（即"专业仲裁+诉讼"）解决后两种纠纷。

二、商事仲裁与劳动争议仲裁、农村内部承包仲裁的区别

从本质意义上说，《仲裁法》所规定的仲裁制度与《劳动争议调解仲裁法》规定的劳动争议仲裁制度是截然不同的。《仲裁法》所规定的仲裁制度，是我国按照国际通行惯例在民商事领域内统一建立的法律制度；而现行的劳动争议仲裁制度则是国家针对劳动争议的特殊性，在该领域设立的处理劳动争议的专门制度，其与有关国际公约所称的仲裁并无任何联系，更不存在在境外执行问题。

《仲裁法》第77条特别规定："劳动争议和农业集体经济组织内部的农业承包合同纠纷的仲裁，另行规定。"这就是说，劳动争议和农业集体经济组织内部的农业承包合同纠纷，不适用仲裁法。这是由中国的国情决定的。

归纳起来，商事仲裁与劳动争议仲裁、农村内部承包仲裁主要有以下区别：

（1）机构设置不同。商事仲裁不按行政区划层层设立，只可以在设区的市设立。目前，我国一些经济不太活跃的城市是没有设立商事仲裁机构的。而劳动争议仲裁委员会是按行政区划，分别在县、市、省的劳动人事行政主管部门内设立。农村内部承包仲裁在基层农业部门设立。

（2）受案范围不同。商事仲裁涵盖经济贸易的绝大多数领域，包括各类经济合同纠纷和其他财产权益纠纷。而劳动争议仲裁仅局限于处理劳动者的雇佣关系以及因雇佣关系而产生的薪酬待遇、工伤保护等纠纷。农村内部承包仲裁只是针对农村集体组织的内部农户经济承包发生的纠纷。

（3）管辖方式不同。商事仲裁以当事人自愿为前提，实行协议管辖，当事人可自主选择诉讼或者仲裁，也可跨地区自主选定某仲裁委员会。而劳动争议仲裁实行地域管辖和级别管辖，当事人之间发生劳动争议后不得直接向人民法院起诉，而必须按照地域管辖申请劳动争议仲裁，且当事人之间无需订有仲裁协议。

农村内部承包仲裁,当事人之间无需订有仲裁协议,既可直接起诉,也可以先提起仲裁。

(4) 裁决效力不同。商事仲裁实行一裁终局制度,裁决一经作出,即发生法律效力。而劳动争议仲裁裁决、农村内部承包仲裁裁决,都是非终局性的,当事人不服还可以向人民法院起诉。

三、仲裁与诉讼的区别

仲裁和诉讼都是争端解决的两种主要方式,二者之间有以下区别:

(1) 管辖不同。仲裁是协议管辖,而法院诉讼是法定管辖。仲裁以当事人双方自愿为原则,必须有双方事前或事后达成的仲裁协议,仲裁机构才能依法受理。而且,当事人一旦签订了仲裁协议就排除了法院的管辖。法院诉讼不必得到另一方当事人的同意或者双方达成诉讼协议,只要一方当事人向有管辖权的法院起诉,法院就依法受理争议案件。仲裁不实行地域管辖和级别管辖,而法院诉讼实行地域管辖和级别管辖,知识产权争议、海事争议等还实行专属管辖。当事人双方有权跨地区选择任一合法成立的仲裁机构进行仲裁,不同的仲裁机构之间无任何隶属关系。而诉讼只能依法向有管辖权的法院起诉,当事人虽在一定程度上可以选择法院,但受到很大的限制。比如,当事人可以选择签约地、履行地或被告地的法院,但不能选择一个与争议毫无联系的法院。

(2) 仲裁庭和法院审判庭的组成方式不同。仲裁可由当事人约定仲裁庭的组成方式并自主选定或者委托指定仲裁员,而法院诉讼当事人不能选择审判庭的组成方式和审判员。

(3) 审理不同。除特殊情形外,诉讼实行公开审理,而仲裁注重保护当事人的商业秘密,一般实行不公开审理。诉讼审理应当开庭进行,而仲裁审理可以根据当事人的要求不开庭审理。

(4) 制度不同。仲裁实行一裁终局制度,不存在上诉或再审,也不得向法院起诉。当事人只有提出证据证明仲裁裁决确实存在《仲裁法》第58条所列情形之一,经中级人民法院审查核实并报上级法院核准后,方可依法裁定撤销仲裁裁决。而我国法院诉讼实行两审终审制,当事人不服法院判决可以上诉,还可以申诉。

(5) 境外执行不同。法院判决在境外执行一般需要判决地国与执行地国签订有司法协助条约,或者有共同确认的互惠原则。执行地法院一般还会对外国的法院判决进行司法审查。仲裁裁决在境外执行,如果是在《承认及执行外国仲裁裁决公约》(以下简称《纽约公约》)的157个缔约国执行,可直接申请当地法院执行。

(6) 审理人员知识结构不同。法院的审判庭是由法官组成的,法官都是法律专家。仲裁员的构成由各类专家组成，除了法律专家，还有经贸专家、工程专家、金融专家等，所以仲裁更擅长审理专业性纠纷。

由于仲裁具有上述特质，因而仲裁收费比较低、结案比较快、程序比较简单、气氛比较宽松、当事人的意愿能得到最大限度的尊重，这就是仲裁的魅力所在。

四、仲裁与调解的区别

人民调解、行政调解是多元化化解纠纷的途径之一，并在近年得到了很大的发展，仲裁与人民调解、行政调解的区别主要在于法律效力不同。仲裁裁决是终局的，对双方当事人均有约束力。如果一方当事人不履行裁决，另一方当事人可以依照《仲裁法》和《民事诉讼法》的有关规定向人民法院申请强制执行，受申请的人民法院应当执行。而人民调解、行政调解不是终局的，一方当事人拒收调解书，该调解书就不发生法律效力，这样就会影响争议的及时解决。

当然，如果是在法庭、仲裁庭主持下达成的调解书，调解书一旦生效就具有强制执行力。

五、仲裁与行政裁决的区别

从法理上划分，仲裁处理的属于民事案件，而行政裁决处理的属于行政案件。两者的区别主要表现在以下几个方面：

（1）适用的法律不同。仲裁是仲裁委员会依据《仲裁法》及其他有关的法律、法规处理纠纷；而行政裁决是由国家行政管理机关依其职权和有关行政法规处理纠纷。

（2）受理的依据不同。仲裁实行协议管辖，仲裁委员会受理案件的依据是当事人之间达成的仲裁协议；而行政裁决是国家行政机关依据其行政管理职能强制管辖。

（3）裁决的机构不同。仲裁是由当事人选定的仲裁庭作出裁决；而行政裁决是由国家行政管理机关作出的。

（4）裁决的性质不同。仲裁是对平等主体的公民、法人和其他组织之间发生的合同纠纷和其他财产权益纠纷作出裁决；而行政裁决是由国家行政管理机关依据其职权，以领导与被领导、管理与被管理的隶属关系进行的裁决。

（5）效力不同。行政裁决通常是可以上诉的，而仲裁裁决是不能上诉的。

六、仲裁在解决纠纷上的优势

"打官司，进法院。"人们往往这样说。仿佛解决争端只能沿循法院这个途径。其实，很多人不知道，解决经济纠纷和部分民事纠纷，还可以通过仲裁这个途径。作为解决民商事纠纷的重要手段，无论国内或国际上，仲裁都越来越受到人们的青睐，其原因在于仲裁具有独特的优势。与解决民商事争议的其他方式相比，仲裁具有以下优点：

1. 意思自治，灵活简便

整个仲裁过程中，当事人享有高度的自治权。当事人享有是否将纠纷提交仲裁以及将哪些纠纷提交仲裁的自由；当事人可以选择仲裁机构、仲裁地点、仲裁语言、仲裁适用的法律和规则；当事人可以选定自己信赖的仲裁员审理案件；当事人可以就开庭审理、证据提交和意见陈述等事项达成协议，共同设计符合自己特殊需要的仲裁程序；当事人还可以选择是否终止仲裁程序。这些自治权充分反映了当事人的意志，使得仲裁程序既灵活又简便。

2. 专家断案，公正及时

仲裁是由公正、独立的第三人居中裁判以解决纠纷的机制。居中裁判的"第三人"即仲裁员均为各专业领域的知名人士、权威专家，具备丰富的专业知识、良好的法律素养和高尚的职业道德，从而保证了仲裁的质量和结果的公正。与法院的法官不同，仲裁员既有法律背景的，也有经济、建筑、工程、金融、证券、海事等专业技术背景的。在解决这些独具专业知识的专业纠纷时，仲裁员往往能信手拈来。

3. 一裁终局，经济高效

仲裁实行一裁终局的制度。仲裁裁决一经作出即具有法律效力，受到法律的尊重与保护，对当事人具有约束力并可强制执行。一裁终局是仲裁的效率体现，既节省时间，又节约金钱，使得当事人可以经济高效地解决纠纷。加之仲裁机构有较强的服务意识，使仲裁案件能够得到及时审理。

4. 保守秘密，保护商誉

原则上，仲裁一般不公开审理，仲裁庭负有保密的义务。但如果双方当事人协议公开，那也可以公开审理。这充分体现了保护当事人商业秘密、维护当事人商业信誉，同时又尊重当事人的原则。

5. 国际上的广泛承认与执行

仲裁的一切优势最终落实在仲裁裁决的承认与执行上。《纽约公约》为世界各国提供了一套简捷的相互承认和执行仲裁裁决的制度，使得仲裁裁决的承认和执行富有效率。中国于1987年加入《纽约公约》。在中国作出的仲裁裁决，不仅可在中国得到执行，还可在《纽约公约》的所有缔约国得到普遍承认与执行。

七、涉外仲裁

涉外仲裁，也称国际仲裁，主要是指国际经济贸易仲裁，即在国际经济贸易活动中，当事人根据他们的仲裁协议，自愿将他们之间确定的法律关系上已经发生的或可能发生的争议提交各方都同意的仲裁机构进行仲裁的活动。

涉外仲裁属于涉外民事关系范畴。如何判断案件是否为涉外民事关系或涉外仲裁，在理论上，主要存在着"法律关系构成要件涉外说"和"联系说"两大标准，前者的优点在于具体易操作，后者的长处在于全面而无遗漏。在法律规范上，最高人民法院用列举的方式对涉外民事关系作了定义。《最高人民法院关于适用〈中华人民共和国涉外民事关系法律适用法〉若干问题的解释（一）》这样规定：

"第一条　民事关系具有下列情形之一的，人民法院可以认定为涉外民事关系：

（一）当事人一方或双方是外国公民、外国法人或者其他组织、无国籍人；

（二）当事人一方或双方的经常居所地在中华人民共和国领域外；

（三）标的物在中华人民共和国领域外；

（四）产生、变更或者消灭民事关系的法律事实发生在中华人民共和国领域外；

（五）可以认定为涉外民事关系的其他情形。"

最高人民法院《关于审理仲裁司法审查案件若干问题的规定》第12条规定：

"仲裁协议或者仲裁裁决具有《最高人民法院关于适用〈中华人民共和国涉外民事关系法律适用法〉若干问题的解释（一）》第一条规定情形的，为涉外仲裁协议或者涉外仲裁裁决。"

总体而言，判断涉外仲裁涉及几个因素：一是当事人的国籍或注册地；二是标的物所在地；三是商事活动的履行地。

在仲裁实务中，经常会碰到这几类涉外仲裁案件：

（1）中国的公司、企业或其他经济组织与外国的公司、企业、其他经济组织或个人之间的争议仲裁案件。

（2）外国的公司，企业、其他经济组织或个人之间的争议仲裁案件，而不论这些外国的公司、企业、其他经济组织或个人是否具有同一国籍。

（3）中国的公司、企业或其他经济组织之间争议具有涉外因素的仲裁案件。

（4）涉外远洋运输，国际多式联运所引起的纠纷以及其他海事纠纷案件。

我国《仲裁法》第七章对涉外仲裁作了专门规定。这一规定有两个特点，一是规定了专门的涉外仲裁委员会，二是规定了专门的涉外仲裁司法监督程序。其中关于专门的涉外仲裁委员会的规定已落后于仲裁实践的发展，后文详述。

仲裁的导航仪——仲裁规则

去过法院打官司的人都知道，法院审理经济案件，必须遵循一定的操作程序，这套操作程序属于法律规范范畴，是由民事诉讼法及其司法解释规定的。仲裁庭审理民商事案件，也必须依据一定的行为规范来操作，这个行为规范就是"仲裁规则"。所不同的是，仲裁规则不是国家立法，而是由各仲裁机构自己制定的。

一、仲裁规则

仲裁规则，也称仲裁程序规则，指规范仲裁庭及仲裁参与人的仲裁活动的行为准则。仲裁规则不同于仲裁法，仲裁法是国家立法范畴，仲裁规则是自主性较强的行为规范，体现了当事人意思自治的契约精神，仲裁规则的有些内容还允许双方当事人自行修改或变更约定。因此，有人称仲裁规则为"自造法"。当然，仲裁规则不得违反法律的强制性规定或禁止性规定。

二、仲裁规则的法律地位

仲裁规则不属于国家立法，但它却具有法律约束力。仲裁规则的法律约束力在本质上源于民间的契约精神，并进而由契约的强制性演绎为仲裁规则的强制性。这种特性在国际仲裁上表现得很明显，但对于国内仲裁而言，仲裁规则还有一定程度的法律授权，我国《仲裁法》第75条明确授权仲裁协会或仲裁机构制定仲裁规则。仲裁规则一经当事人选定，对当事人乃至仲裁机构就拥有了法律约束力。

1958年的《纽约公约》确认了各成员国仲裁机构的仲裁规则的法律地位。我国的《仲裁法》第75条，就是仲裁规则法律效力的来源。违反仲裁规则的后果，《仲裁法》第58条规定，"仲裁程序违反法定程序的"，可以构成人民法院撤销仲裁裁决的理由之一。《最高人民法院关于适用〈中华人民共和国仲裁法〉若干问题的解释》（以下简称《〈仲裁法〉解释》）第20条规定："上述的法定程序"包括"当事人选定的仲裁规则"。最高人民法院2018年2月23日印发的

《关于人民法院办理仲裁裁决执行案件若干问题的规定》第14条规定:"违反仲裁法规定的仲裁程序、当事人选择的仲裁规则或者当事人对仲裁程序的特别约定,可能影响案件公正裁决,经人民法院审查属实的,应当认定为民事诉讼法第二百三十七条规定的仲裁庭的组成或者仲裁的程序违反法定程序的情形。"这就从另一方面印证了仲裁规则的"造法功能"。

三、仲裁法的局限性

仲裁规则的制定,一般来讲是各仲裁机构自己制定仲裁规则。国际上,也有一些非营利性的机构如商会、协会等组织制定仲裁规则示范文本,供各仲裁机构或当事人选用,例如联合国国际贸易法委员会的仲裁规则、国际商会的仲裁规则,就经常被当事人选用。在我国,对于仲裁规则的制定,1995年施行的《仲裁法》作了这样规定:

"仲裁规则应依据仲裁法和民事诉讼法的有关规定加以制定。国内仲裁委员会的仲裁规则,由中国仲裁协会统一制定,在中国仲裁协会制定仲裁规则之前,各仲裁委员会可以按照仲裁法和民事诉讼法的有关规定制定仲裁暂行规则;涉外仲裁委员会的仲裁规则由中国国际商会制定。"

上述规定,是与当时仲裁法关于仲裁机构"涉内""涉外"之分是一脉相承的。这是仲裁法的局限性。但形势的发展很快就突破了仲裁法的局限。

第一,民事诉讼法(以下简称"民诉法")是否是制定仲裁规则的当然依据,这是有待商榷的,学者对此的争议是很大的。从理论上来讲,民事诉讼与商事仲裁是两种不同的解决纠纷的平行机制,不应重合,否则就失去了各自独立存在的意义。从国际仲裁发展的实践来看,国际上知名的仲裁机构的仲裁规则,都不是依据某一国的民诉法来制定的,多数是依据国际商事的交易惯例来制定,民诉法顶多是作为仲裁规则的参照指标体系而已。中华人民共和国第一个仲裁机构中国国际经济贸易仲裁委员会成立于1954年,其制定仲裁规则主要是参考了当时国际商事交易的习惯做法和国际上其他仲裁机构的仲裁规则。当时我国还未形成民诉法,所以,我国仲裁法关于以民诉法为依据制定仲裁规则的规定与仲裁的实际发展相脱节,在理论上也站不住脚。

第二,仲裁法关于仲裁机构涉内、涉外之分的格局已变。国际上的商事仲裁机构是没有涉内、涉外之分的。根据国务院《关于贯彻实施〈中华人民共和国仲裁法〉需要明确的几个问题的通知》,我国各地的仲裁机构均可以受理涉外仲裁案件。此举打破了此前涉外仲裁机构裁决就是涉外裁决的格局。于是,国内仲裁委员会根据当事人之间的涉外仲裁协议的规定,顺理成章地受理涉外案件。各地仲裁机构的仲裁规则都有专章规范涉外仲裁案件的审理程序,都可受理涉外案件，甚至有的地方仲裁机构在境外设立分支机构。另一方面，原来规定的专门涉外仲裁机构中国国际贸易仲裁委员会也受理国内仲裁案件。目前我国在仲裁案件受理机构方面已无涉内、涉外之分。

第三，有无必要制定全国统一的仲裁规则。根据仲裁法当时的立法设想，在各地组建一批仲裁机构的基础上，再组建全国统一的"中国仲裁协会"，但二十多年过去了该协会至今还没成立，自然就没有制定全国统一的仲裁规则。为应付全国各地急需仲裁规则的局面，国务院办公厅于1995年印发了《仲裁委员会仲裁暂行规则示范文本》（以下简称《示范文本》），各地的仲裁机构在成立初期基本上都搬用该示范文本，乃至直接换个名字改为自己的仲裁规则。《示范文本》有一个很大的特点，就是在程序上基本套用了民事诉讼的制度，这在中国仲裁事业的起步阶段或许是发挥了促进的作用，但也带来了仲裁的诉讼化等严重问题，这也是中国仲裁为国际学界所诟病的焦点之一。《示范文本》的另一个弊端是忽略了当事人的个性化要求。这恰恰是仲裁的魅力所在。仲裁制度的一个重要原则就是当事人意思自治原则。从理论上讲，"意思自治"就应允许当事人合意制定或修改仲裁规则。国际仲裁的实践表明，当事人选择某一仲裁机构，就未必一定会选择该机构的仲裁规则，有可能选择第三方的仲裁规则，例如，联合国国际贸易法委员会的仲裁规则就经常为当事人所选择。从各国的实践来看，还没有哪一个国家制定或适用全国统一的仲裁规则。仲裁法关于制定全国统一的仲裁规则的规定，在法理上有违当事人意思自治的原则，不为实践所接受。

第四，国内仲裁规则与民诉法的分野发展。中国加入世贸组织后，对外经济交往日益频繁，已成为世界第一贸易大国，我国的仲裁实践日益丰富。仲裁工作者逐渐发现，通过仲裁规则集中体现出来的中国仲裁制度与国际仲裁有很大的差别。那么，中国是融入世界，还是坚持自己的"特色"？融入世界就必须抛弃仲裁的诉讼化。许多仲裁机构选择了前者，北京仲裁、广州仲裁、武汉仲裁、深圳仲裁、肇庆仲裁等，在修订自己的仲裁规则时，都吸收了国际仲裁的先进理念，摒弃了《示范文本》的一些诉讼化的规范。中国仲裁的国际化已成为不可逆转的趋势。对仲裁案件行使司法监督权的人民法院也逐渐接受了这种发展趋势。一些老仲裁工作者应该记忆犹新，当初人民法院审查仲裁案件时，除了对照各自的仲裁规则以外，还要对照民诉法进行审查，如果发现有违民诉法的情形，就极可能不予执行，或者撤案。但大家后来慢慢发现，国际上的仲裁并不是这样的。香港特别行政区法官陈美兰认为，法院执行仲裁案件应该是"机械的"，不必关注仲裁案件的"是非曲直"，除非仲裁案件违反仲裁程序的程度是"十分恶劣的"。国际上，司法对仲裁基本秉持"友好支持"的态度。在国内，对于仲裁的"适度监督"与"大力支持"逐渐成为司法审查的主流思想。例如，最高人民法院2018年2月23日印发的《关于人民法院办理仲裁裁决执行案件若干问题的规定》第14条规定："仲裁庭按照仲裁法或仲裁规则以及当事人约定的方式送达仲裁法律文书，当事人主张不符合民事诉讼法有关送达规定的，人民法院不予支持。"这体现了人民法院对仲裁规则的尊重，有利于促进仲裁的非诉讼化发展。

四、仲裁规则的主要内容

仲裁规则是仲裁机构对有关案件程序管理的规范，主要包括以下内容：仲裁管辖，仲裁组织；仲裁的申请和立案，仲裁答辩和反请求程序；仲裁员的选定和仲裁庭的组成；仲裁的审理和裁决程序；仲裁的审理和调解程序；仲裁的中止和终结；仲裁证据的质证和确认；专门仲裁程序的规范，仲裁委员会、仲裁庭和当事人的权利义务；仲裁文书的送达；仲裁语言、翻译、送达，仲裁费用等。

总体来讲，仲裁规则的内容基本与民事诉讼的程序一致，但某些方面有自己的特色。比如，仲裁庭的组成有别于法庭的组成，当事人可以选择仲裁员；仲裁文书的作出有别于法院，不同意见的仲裁员可以不签名，但不影响裁决的效力；当事人可以简化仲裁程序；仲裁庭居于中间立场，一般不主动调查取证；当事人可以协议要求简化程序，可以要求简化裁决书。特色最为明显的或许是仲裁送达。仲裁送达一般不采用公告方式，而且送达不以当事人的签收为送达依据。

商事活动纷繁复杂，其争议内容往往具有专业性与技术性的特点，专业的仲裁规则就是为适应这些争议特点而产生的。仲裁机构根据受理案件的业务范围，相应地制定一些专门仲裁规则，如金融争议仲裁专门规则、网络仲裁专门规则、知识产权仲裁专门规则、涉外仲裁专门规则、房地产仲裁专门规则等。专门规则是通用规则的补充，当事人的争议属于专门规则范围的，优先适用专门规则。

五、仲裁规则的作用

仲裁规则有如下四点作用：

（1）使当事人有章可循。仲裁规则为当事人提供一套科学、系统、明确的仲裁程序规范，便于当事人有效地解决纠纷。

（2）使仲裁机构和仲裁庭有章可循。仲裁规则为仲裁委员会和仲裁庭受理、审理和裁决纠纷提供适用的程序规则，使当事人之间的纠纷能够得到公正、及时地解决。

（3）有利于保证仲裁机构和仲裁庭保持超然中立的地位。仲裁规则对各当事人平等地适用，既约束当事人，也约束仲裁机构和仲裁庭，便于仲裁员和当事人之间互相监督，有利于保证仲裁机构和仲裁庭保持中立的地位。

（4）有利于司法监督。仲裁的最终落脚点是得到人民法院的承认和执行，仲裁规则为法院支持、协助和监督仲裁提供了依据。

仲裁的关键——仲裁员

通俗来讲，在仲裁活动中，仲裁员的地位和作用类似于法院的审判员。但实际上，仲裁员的身份、职业以及审裁理念与审判员有很大的不同。

一、挑选仲裁员

仲裁庭是仲裁审理活动的主体，对于案件争议的有效解决，发挥着至关重要的作用。一般的仲裁规则都规定：在组成仲裁庭之前，案件的程序问题、实体问题一般都由仲裁机构确定；仲裁庭组成后，案件的程序问题、实体问题一般都由仲裁庭确定。仲裁组庭是仲裁规则的主要内容之一。

仲裁庭组成人员一般是单数。通常是由三名仲裁员或者一名仲裁员组成，由三名以上仲裁员组成的，设首席仲裁员。在审理国际上一些影响巨大的案件时，有时候也会由五人或七人组成仲裁庭。

与法庭的审判员是由法院指定的模式不同，在仲裁活动中，当事人可以约定仲裁庭的组成方式。组庭方式主要有三种：当事人选定、当事人委托仲裁机构指定，或者仲裁机构指定和当事人选定并用。

当事人约定由三名仲裁员组成仲裁庭的，应当各自选定或者各自委托仲裁委员会主任指定一名仲裁员，第三名仲裁员由当事人共同选定或者共同委托仲裁委员会主任指定，第三名仲裁员是首席仲裁员。当事人约定由一名仲裁员成立仲裁庭的，应当由当事人共同选定或者共同委托仲裁委员会主任指定仲裁员。

当事人没有在仲裁规则规定的期限内约定仲裁庭的组成方式或者选定仲裁员的，由仲裁委员会主任指定。

仲裁庭组成后，仲裁委员会应当将仲裁庭的组成情况书面通知当事人。

二、仲裁员该为谁说话

仲裁中，当事人可以选定仲裁员，是否意味着仲裁员就应该代表着选定方的利益？这种想法其实是混淆了仲裁员与律师的界限。

在仲裁中，仲裁员的身份类似于法院的法官，其职责是依据事实和法律以及公平和合理的原则来审理案件，分清是非，并对争议事项作出裁决。所以仲裁员应当是中立、独立和公正的，不代表任何一方的利益，也不从任何一方收受报酬。仲裁员审理案件的报酬由仲裁机构支付。

仲裁中的律师身份与仲裁员不同。律师是"收人钱财，替人消灾"，是代表仲裁中某一方的利益，其工作是为该方提供律师意见，准备和提交证据，参加仲裁庭的庭审，向仲裁庭陈述意见并同对方当事人进行辩论，维护己方当事人的利益。律师代表的是其委托人的利益，并向其委托人收取代理费。

仲裁机构的一些仲裁员是由资深律师担任的，律师变成仲裁员必须有一个角色转换过程，要端正位置，不能认为自己是当事人选定的，就代表当事人的利益。仲裁员必须秉持超然中立的立场。

三、担任仲裁员的条件

根据《仲裁法》第 13 条的规定，仲裁委员会应当从公道正派的人员中聘任仲裁员。

担任仲裁员的条件，概括起来就是"三八两高"。《仲裁法》第 13 条对担任仲裁员的条件作了详细的规定：（1）从事仲裁工作满八年的且通过法律从业资格考试的；（2）从事律师工作满八年的；（3）曾任审判员满八年的；（4）从事法律研究、教学工作并具有高级职称的；（5）具有法律专业知识，从事经济贸易等专业工作，并具有高级职称或具备同等专业水平的。各仲裁机构都会根据以上法律规定制定仲裁员聘任和管理的一些具体办法。

根据国务院文件规定，公务员及其他国家机关工作人员符合仲裁法规定条件的，可以担任仲裁员。最高人民法院文件规定，现职法官不得担任仲裁员。

四、仲裁员的挑选

仲裁机构受理案件后，会在几天内向当事人提供一份仲裁员名册，当事人可以从名册中挑选心仪的仲裁员。

选择仲裁员是仲裁程序的一大特色，也是仲裁程序中非常重要的一个环节。《仲裁法》第 30 条、第 31 条规定，仲裁庭由三名仲裁员或者一名仲裁员组成，仲裁庭的组成人员由当事人在仲裁机构聘任的仲裁员名册中选定或者委托仲裁委员会主任指定。因此，选择仲裁员是法律赋予双方当事人的权利和义务，同时也直接关系到仲裁案件能否公正、及时地进行，当事人对此不可掉以轻心。选择仲裁员应把握以下五条原则：

第一，注意专业性。仲裁机构的仲裁员名册通常会标注仲裁员的专业指引，供当事人选择参考。仲裁员可否审理非本专业的案件？法律对此没有限制性规定，但是建议当事人尽量选择熟悉案件相关专业知识的仲裁员。仲裁员均是仲裁委员会从经济、贸易、法律专业人士中聘任的资深人士，因此，仲裁员具备良好的职业素质和道德素质；但由于仲裁员职业不同，其熟悉的专业知识也不同，选择熟悉专业知识的仲裁员组成的仲裁庭仲裁相关专业的案件，更能迅速准确地抓住争议的焦点，分清是非曲直，提出解决争议的最佳方案，从而提高仲裁效率和质量。如果当事人选择专业知识不熟悉的仲裁员，比如选择建筑方面的仲裁员来审理金融案件，即使这位仲裁员很想把这个案件审理好，但由于专业知识的局限往往难以胜任。一旦当事人作出选择某个仲裁员的书面意思表示后，若没有仲裁员应当回避的充分理由，这种选择通常是不能更改的。因此，双方当事人在选择仲裁员时应十分谨慎。有的仲裁规则规定，如果当事人选定了不是案件专业的仲裁员，仲裁机构可以提醒当事人重新选定。

第二，注意合法性。也就是应避免出现仲裁员回避的情形。《仲裁法》第34条规定，仲裁员有下列情形之一的，必须回避：是本案当事人或者是当事人、代理人的近亲属；与本案有利害关系；与本案当事人、代理人有其他关系，可能影响公正仲裁的；私自会见当事人、代理人，或者接受当事人、代理人的请客送礼的。如果仲裁员存在法律规定的上述回避事由，对方当事人就有权申请该仲裁员回避。如果审查后该申请回避的理由成立，整个仲裁程序就会中止，这将延长仲裁的时间，影响化解纠纷的效率，对双方均有不利。

第三，注意时间性。必须在规定的时间内选择仲裁员。各仲裁机构在制定各自的仲裁规则时，都会对选定仲裁员的时间有所限制。国际案件一般为20天，国内案件一般为15天，一些程序简易的案件，时间限制稍短。仲裁机构在受理案件后，会向双方当事人分别发出仲裁规则、仲裁员名册和仲裁员选定书，双方当事人必须在仲裁规则规定的期限内选定仲裁员。根据《仲裁法》第32条的规定，当事人未在仲裁规则规定的有效期限内选定仲裁员，仲裁机构将视为当事人自动放弃该项权利，由仲裁委员会主任指定仲裁员组成仲裁庭。

第四，注意协调性。仲裁案件的当事人分为申请方和被申请方。需要特别说明的是，如果申请人一方有几个当事人，那么，几个当事人须协调一致选定的仲裁员才有效。对于被申请人的要求也一样，被申请方也须协调一致才有效。申请方或被申请方不能达成一致，或分别选定了不同仲裁员，该选定是无效的，并由仲裁委员会主任指定仲裁员组成仲裁庭。

第五，禁止接触。这是当事人很容易忽视的问题。当事人应避免与仲裁员接触。选定仲裁员与选定律师是不同的。选定律师之前，当事人可以先与律师进行接触、交流再决定是否选定。但选定仲裁员是不允许与仲裁员接触的，否则就构成了违反《仲裁法》的情形。这样立法的目的是保证仲裁员的中立与公正，避免仲裁员先入为主。《仲裁法》规定仲裁员是不能与当事人就案件问题私下接触的，仲裁员与当事人接触必须经过仲裁庭的允许。当事人如果事先就案件问题咨询过仲裁员的，就不能选定该仲裁员担任本案的仲裁员，该仲裁员就应该回避。有的仲裁规则规定，在这种情形下选定的仲裁员是无效的，当事人应该重新选定。

综上，双方当事人对仲裁委员会送交的仲裁员名册应该仔细阅读，根据仲裁规则的规定慎重选择，行使好法律赋予的权利。

五、仲裁员回避制度

当事人可以申请仲裁员回避，仲裁员也可以自行回避。仲裁员回避制度与诉讼中审判员回避制度相类似。仲裁员的回避是指仲裁员出现可能影响案件公正裁决的法定情形后，依照法律或仲裁规则的规定，自行申请退出仲裁庭，或者根据当事人的申请退出仲裁庭。回避制度是仲裁制度的基本制度之一。仲裁机构实行回避制度，是保障当事人平等行使权利，保证仲裁员公正、中立地处理案件的一项重要制度。规定回避制度的意义在于避免仲裁员徇私舞弊、枉法裁决情况的出现，以保证仲裁裁决的公正性。

（一）回避的理由

回避的理由又称回避的条件、情形或原因，也就是符合哪些条件才构成仲裁员回避的法定事由。各国仲裁法对回避的事由一般都作了列举性的规定。我国《仲裁法》第34条规定，仲裁员有下列四种情形之一的，必须回避，当事人也有权提出回避申请：（1）是本案当事人或者是当事人、代理人的近亲属；（2）与本案有利害关系；（3）与本案当事人、代理人有其他关系（"其他关系"通常指：对于承办的仲裁案件事先提供过咨询意见的；现任当事人的法律顾问或代理人，或者曾任当事人的法律顾问的；担任过本案或与本案有关联的案件的证人、鉴定人、勘验人、辩护人、诉讼代理人的；其他可能影响公正仲裁的事项），可能影响公正仲裁的；（4）私自会见当事人、代理人，或者接受当事人、代理人的请客送礼的。

上述规定，既便于仲裁员依照法定条件和自身情况自觉要求回避，又便于当事人及时行使申请回避的权利，从而使当事人的合法权益得到及时的保护。各仲裁机构的《仲裁规则》一般会对这些情形作出详细的规定，因此当事人在进入仲裁程序后，要仔细阅读《仲裁规则》，明确自己的权利和义务。

（二）申请回避的程序

（1）回避申请的提出时间。《仲裁法》第35条的规定，对当事人申请仲裁员回避是有时间限制的，一般是在首次开庭前提出，但如果是在开庭后才知道回避事由的就应该在庭审终结前提出。当事人未在规定期间内提出回避申请，则其申请回避的权利即归于消灭。这样立法的目的是兼顾了效率与公平的原则。

仲裁员自行回避的提出时间，法律无明文规定。多数仲裁规则规定，仲裁员应该在开始审理前提出。

（2）回避决定的作出。无论是仲裁员自行提出回避，还是当事人依法提出回避申请，仲裁员是否回避，都要由特定的机构或特定的人员对回避事由进行审查，并作出是否准许回避的决定。世界上有少数国家的法律规定，仲裁员的回避由法院决定。但多数国家的法律规定仲裁员回避由仲裁机构作出。我国《仲裁法》将决定仲裁员是否回避的决定权赋予了仲裁委员会。仲裁员是否回避由仲裁委员会决定；仲裁委员会主任担任仲裁员时，由仲裁委员会集体会议决定。这里所说的"集体会议"，可以是仲裁委的委员会议，也可以是仲裁委的主任会议。

（3）当事人的举证责任。当事人申请回避时应当说明事实和理由并提供证据，即所谓"谁主张，谁举证"，以便仲裁机构进行审查，作出仲裁员是否回避的决定，同时也防止当事人滥用回避申请权，拖延仲裁程序。

（4）违反回避规定的后果。仲裁员存在回避的情形但没有回避，会直接影响到仲裁裁决的效力，《仲裁法》第58条规定了撤销仲裁裁决的情形，其中第（三）项规定"仲裁庭的组成或者仲裁的程序违反法定程序的"，仲裁员回避是否属于这里的"法定程序"？当事人申请回避的权利归于消灭后会否影响到仲裁裁决的效力？显然，《仲裁法》第35条与第58条存在着冲突的情形，实践对此冲突的回答并不一致。有的学者认为，当事人未在规定期间内提出回避申请，以后再以此理由申请撤销仲裁裁决的，人民法院应该根据第35条驳回。但有的学者认为，当事人未在规定期间内提出回避申请，只能是当事人程序权利的消灭，但仲裁员回避的实体违法情形依然存在，人民法院应该根据第58条撤销仲裁裁决。从国际仲裁的发展来看，法院对仲裁的监督趋于宽松化，法院普遍采取前一种做法。

六、仲裁员替换

一般而言，仲裁机构发出组庭通知后，仲裁员是不允许更换的。这是确保仲裁的效率与公信力的需要。但在效率与公信力出现冲突的时候，就需要适当地兼顾平衡，这就产生了仲裁员的替换制度。

仲裁员替换和仲裁员回避是两个不同的法律概念。仲裁员替换包含仲裁员回避的情形。

从法理来讲，当事人既然可以选定仲裁员，那么也就可以替换仲裁员，这是意思自治原则滋生的必然结果。这也是仲裁与诉讼不同的一个显著特征。从实践来看，多数仲裁机构允许替换仲裁员。当然，当事人意思自治的原则得到尊重的同时，必须有所限制，才能确保仲裁的公平和效率。为了避免当事人对"意思自治"原则的滥用，各仲裁机构的仲裁规则对替换仲裁员一般都有严格的规定，即必须符合一定的条件才能替换仲裁员。这些条件主要包括：仲裁员死亡或者因健康原因不能从事仲裁工作的；仲裁员主动退出案件审理的；双方当事人协商一致要求仲裁员退出案件审理的；仲裁员回避的；等等。

仲裁员被替换后，谁接替旧的仲裁员？其程序如何安排？一般是按照原来的办法产生新的仲裁员，即原来的仲裁员由当事人选定的，那么新的仲裁员也继续由当事人选定；原来由仲裁委主任指定的继续由主任指定。

仲裁员被替换后的另一个善后工作，就是原来进行的仲裁程序如何安排？是重新进行还是继续进行？这里要考虑很多因素，比如，原来的程序进行到何种程度？替换的仲裁员是少数还是多数？替换的是不是首席仲裁员？各地的仲裁规则对此有具体规定，从保证仲裁效率的角度来讲，仲裁程序一般是倾向于继续进行。当然，如果确有必要或者当事人合意要求，仲裁程序也可以重新进行。

七、仲裁员的责任

仲裁员的职责主要是要独立、公平、公正、勤勉地从事仲裁工作，仲裁员要处于超然中立的地位，与各当事方等距离相处，平等对待。

第一是合法。仲裁员一定要依据事实、适用法律以及仲裁规则发表意见，要力争自己的意见具有说服性，以法服人，以理服人。

第二是勤勉。就是兢兢业业，仲裁员一定要尽到勤勉义务，确保自己专注地处理案件。

第三是公平。仲裁员一定要公平开展仲裁程序，确保各当事方均有合理时间陈述自己的案情，主张和提供证据，即当事人机会均等。

第四是实效。当事人提起仲裁的目的是解决纠纷。仲裁员一定要尽最大的努力作出可以执行的裁决，即裁决的可执行性，使纠纷得以解决。

第五是保密。仲裁员要承担对所涉案件的保密义务。

为使仲裁员排除干扰，独立公正地履行以上职责，给予仲裁员一定的民事责任豁免是必须的。在仲裁过程中，仲裁员有行使司法职责的行为，也有提供仲裁服务的行为。各国仲裁实践中，通常只有仲裁员以"准法官"身份行使司法职能的行为才能享受责任豁免。理由在于：仲裁是通过"处于中立第三方作出有约束力的决定"以解决纠纷，为使该第三方能适当地履行作出公正决定的职责，给予豁免是必要的，这种豁免应该是有限责任豁免。

仲裁员民事责任的豁免，应限于其履行司法职责的行为，并且已尽到适当谨慎和勤勉的义务，超出了这一范围，则应承担相应民事责任。但若是仲裁员在主观上存在故意或重大过失，在客观上违反了法律或合同义务并给当事人造成了实际损害，就应当承担民事责任。

仲裁员违反以上职责会有什么样的后果？或者作出了"枉法裁决"该如何

处理？对此，《仲裁法》第 58 条、《民事诉讼法》第 237 条、《刑法》（修正案六）第 399 条分别规定了几种处理方式：撤销仲裁裁决，不予执行仲裁裁决和追究仲裁员的刑事责任。

至于仲裁员的民事责任和行政责任承担，我国《仲裁法》第 38 条只作了原则性规定，适用面很窄。第 38 条只是规定，仲裁员在私自会见当事人或收受礼物的情况下，才承担法律责任。至于什么样的"法律责任"，仲裁法只提到"除名"，其他的语焉不详。对于仲裁员的民事责任，我国法律还没专门的具体规定。根据我国现行立法，若当事人因仲裁员过错而遭受经济损失，只能向法院请求撤销或不予执行仲裁裁决，并没有可以获得赔偿或要求追究仲裁员责任的法律依据。随着实践的丰富，在今后修订仲裁法时这些问题应该会得到明确的回答。目前，各仲裁机构对于仲裁员的过失责任，也会制定一些惩戒措施，例如通报、除名、追缴仲裁员报酬等。

仲裁的成果——仲裁裁决

案件争议一旦启动仲裁程序,当事人都希望尽快获得公平的结果。

仲裁的成果就是仲裁庭作出仲裁裁决,主要有两个表现形式,一是裁决书,二是调解书,有点类似于法院的判决书、裁定书、调解书。仲裁裁决书、仲裁调解书具有同等的法律效力。

一、仲裁裁决的法律效力

仲裁裁决的法律效力是指裁决对双方当事人有无约束力,是否由国家强制力保证其执行。与国际惯例一样,我国《仲裁法》规定实行一裁终局制,即仲裁委员会依法作出的裁决是终局的,一经作出即发生法律效力,对双方当事人均有约束力,不能上诉,当事人必须无条件地履行裁决所规定的义务。一方当事人不履行的,另一方当事人可以依照民事诉讼法的有关规定向人民法院申请执行。受申请的人民法院应当执行。

二、当事人如何向人民法院申请执行仲裁裁决

(一) 由哪家法院执行仲裁裁决

《仲裁法》第62条规定:"当事人应当履行裁决。一方当事人不履行的,另一方当事人可以依照民事诉讼法的有关规定向人民法院申请执行。受申请的人民法院应当执行。"因此,当事人申请执行仲裁裁决,应当依照民事诉讼法的规定提出申请。而民事诉讼法的规定是:对依法设立的仲裁机构的仲裁裁决,一方当事人不履行仲裁裁决的,对方当事人可以向有管辖权的人民法院申请执行。《〈仲裁法〉解释》第29条规定,有管辖权的人民法院有两种:一是被执行人住所地的中级人民法院,二是被执行财产所在地的中级人民法院。那么,如何判定被执行人的住所地和财产所在地呢?被执行人的住所地包括法定住所地如身份证地址、经常居住地如工作地址等,仲裁庭会根据当事人的举证在裁决书中载明,法院在受理执行申请时,对裁决书或被申请执行人的身份证明材料进行审查即可

作出判断。如何判断被执行财产所在地？这就需要当事人向法院提供被执行财产的线索，法院审查后即可受理执行申请。

若果被执行人或被执行财产在国外，《仲裁法》第72条规定，一方当事人拒绝履行时，对方当事人可以向被申请人住所地或财产所在地的外国法院申请执行。世界上大多数国家都加入了《纽约公约》（现有157个成员国），外国法院会根据《纽约公约》予以执行，仲裁裁决在境外的执行相比法院判决的执行更为便捷。

（二）如何申请执行裁决

裁决书或调解书一般都会载明履行时间，履行时间届满后当事人不予履行的话，对方当事人就可以申请法院强制执行了。申请法院执行时，应当提交申请执行书。申请书应当说明申请执行的事实和理由，并附上作为执行依据的仲裁裁决书、调解书、身份证明材料、生效证明书等。生效证明书由作出裁决的仲裁机构在裁决书、调解书送达后开具，意思是说该裁决书、调解书已送达当事人，并附上送达记录回证等材料。

（三）申请执行的时间限制

申请执行必须遵守法律规定的申请期限，无正当理由逾期提出申请执行的，人民法院可以驳回申请，不予执行。对于生效的裁决书、调解书，申请法院强制执行的时效期间是2年，此期间从法律文书规定履行期间的最后一日起计算；法律文书规定分期履行的，从规定的每次履行期间的最后一日起计算；法律文书未规定履行期间的，从法律文书生效之日起计算。如果因不可抗力致使申请人不能在此两年的时效期间内申请执行，申请人须向法院提供证据材料证明时效期间中断的情形。

三、人民法院执行仲裁裁决应当具备的条件

（1）法院有管辖权。根据《〈仲裁法〉解释》第29条规定，仲裁案件的执行，由被申请人住所地或者财产所在地的中级人民法院管辖。

（2）当事人提出申请。首先是填写申请书。申请执行书应写明申请执行的事项和理由、被申请执行人拒不履行义务的事实和依据、被申请执行人的身份证明材料等。其次是提供生效的裁决书或仲裁调解书。申请执行人应当提交据以执行的仲裁裁决书、调解书、生效证明书以及人民法院认为必须提交的其他材料。最后，如果掌握了被执行人的财产线索，就应该提供给法院，以提高执行效率。财产线索包括需要执行的标的物的名称、数量及所在地和其他可供执行的财产状况如存款等。

（3）符合申请期间规定。申请执行仲裁裁决必须在法律规定的期限内提出。

因此，当仲裁裁决生效后，一方当事人未在裁决书规定的期间内履行义务的，则另一方当事人可以依法申请人民法院予以强制执行。当事人依法向人民法院申请执行仲裁裁决后，人民法院应当执行。依法执行有效的仲裁裁决，既是人民法院的权力，也是人民法院的义务，体现了国家意志。

四、《纽约公约》对仲裁裁决的承认和执行的规定，我国涉外仲裁案件当事人如何申请外国法院承认和执行仲裁裁决

我国自 1987 年 4 月加入《纽约公约》后，中国的仲裁裁决就可以到已加入《纽约条约》的 157 个国家或地区申请承认和执行，而无须考虑这些国家或地区是否与我国订立了司法协助条约。根据我国《仲裁法》第 72 条的规定，中国的仲裁机构作出的裁决，当事人请求执行的，如果被执行人或者其财产不在中国境内，应由当事人直接向有管辖权的外国法院申请承认和执行。也就是说，中国的仲裁裁决需要其他国家承认和执行的，只要这个国家是《纽约公约》的成员国，当事人就可以向被申请执行人所在地或其财产所在地的外国法院申请承认与执行。

在此需要提醒我国涉外仲裁当事人，因为世界上各地法院的具体规定有差别，要求不一样，在考虑到向有管辖权的外国法院申请承认和执行仲裁裁决时，最好在执行地委托一名律师予以办理申请仲裁裁决的承认和执行事宜。聘请一位好的有经验和有能力的代理律师，可以避免不必要的麻烦，在一些问题的处理上把握得当，使申请承认和执行的时间大为缩短，提高效率。

五、内地与港澳台地区如何相互执行仲裁裁决

根据《最高人民法院关于内地与香港特别行政区相互执行仲裁裁决的安排》《最高人民法院关于内地与澳门特别行政区相互执行仲裁裁决的安排》《台湾地区与大陆地区人民关系条例》等相关规定，仲裁裁决（含调解书）的执行涉及到内地与港澳台地区的，一方当事人不履行内地、或香港特区、或澳门特区、或台湾地区仲裁裁决的，另一方当事人可以向有关法院申请执行。

一 议仲裁的外部监督——不予执行和撤销

人民法院是国家的司法机关，也是保护社会公平正义的最后屏障。法律在赋予人民法院执行仲裁裁决的权利和义务时，也赋予了人民法院对仲裁裁决进行监督的权利和义务。

人民法院对仲裁的司法监督体现在两个方面：一是不予执行仲裁裁决；二是撤销仲裁裁决。

一、不予执行仲裁裁决

根据我国《民事诉讼法》第237条规定，被申请人提出证据证明仲裁裁决有下列情形之一的，经人民法院组成合议庭审查核实，裁定不予执行：

"（一）当事人在合同中没有订有仲裁条款或者事后没有达成书面仲裁协议的；

（二）裁决的事项不属于仲裁协议的范围或者仲裁机构无权仲裁的；

（三）仲裁庭的组成或者仲裁的程序违反法定程序的；

（四）裁决所根据的证据是伪造的；

（五）对方当事人向仲裁机构隐瞒了足以影响公正裁决的证据的；

（六）仲裁员在仲裁该案时有贪污受贿，徇私舞弊，枉法裁决行为的。

人民法院认定执行该裁决违背社会公共利益的，裁定不予执行。

裁定书应当送达双方当事人和仲裁机构。

仲裁裁决被人民法院裁定不予执行的，当事人可以根据双方达成的书面仲裁协议重新申请仲裁，也可以向人民法院起诉。"

需要注意的是，我国《民事诉讼法》规定，只有"被申请人"才能提起不予执行的请求，法律并没有赋予申请人该项权利。2018年2月，最高人民法院发布《关于人民法院办理仲裁裁决执行案件若干问题的规定》，对此进行了修订，"被执行人""案外人"都可以提起不予执行仲裁裁决。

《民事诉讼法》第237条所说的"根据双方达成的书面仲裁协议重新申请仲裁"，该如何理解这里的"仲裁协议"？这是指当事人就该纠纷重新达成的仲裁协议，而不是原来的仲裁协议。根据《仲裁法》第9条的规定，仲裁协议只能就同一争议事项使用一次。这也是"一局终裁"含义的延伸。

二、撤销仲裁裁决

撤销仲裁裁决是司法监督仲裁的另一种重要方式，旨在使已经生效但确有错误的裁决得到纠正，保护当事人的合法权益。撤销仲裁裁决有严格的法律规定，应由当事人提出申请。

我国《仲裁法》第58条规定，当事人提出证据证明仲裁裁决有下列情形之一的，可以向仲裁委员会所在地的中级人民法院申请撤销裁决：

"（一）没有仲裁协议的；

（二）裁决的事项不属于仲裁协议的范围或仲裁委员会无权仲裁的；

（三）仲裁庭的组成或者仲裁的程序违反法定程序的；

（四）裁决所依据的证据是伪造的；

（五）对方当事人隐瞒了足以影响公正裁决的证据的；

（六）仲裁员在仲裁该案时有索贿受贿、徇私舞弊、枉法裁判行为的。"

此外，《仲裁法》第70条还对涉外仲裁裁决的撤销作出了特别规定：

"当事人提出证据证明涉外仲裁裁决有民事诉讼法第二百五十八条第一款规定的情形之一的，经人民法院组成合议庭审查核实，裁定撤销。"

《民事诉讼法》第274条规定的情形有：

"（一）当事人在合同中没有订立仲裁条款或者事后没有达成书面仲裁协议的；

（二）当事人没有得到指定仲裁员或进行仲裁程序的通知，或者由于其他不属于当事人负责的原因而未能陈述意见的；

（三）仲裁庭的组成或者仲裁的程序与仲裁规则不符的；

（四）裁决的事项不属于仲裁协议的范围或者仲裁机构无权仲裁的。"

从上述规定可以看出，第一，撤销涉外仲裁裁决与撤销涉内仲裁裁决，有不同的法律规定，构成撤销涉外仲裁裁决的理由较少，也就是说，涉外仲裁裁决更加难以撤销。第二，当事人申请撤销仲裁裁决一般限于仲裁程序上的缺陷或者仲裁员的不当行为，对裁决实体问题错误申请撤销裁决有着非常严格的条件限制。第三，申请撤销仲裁裁决的当事人要承担裁决有法定撤销事由的举证责任。第四，《仲裁法》对当事人申请撤销裁决的期限作出了明确规定，即应当自收到裁决书之日起六个月内提出。超过此期限，人民法院则不再受理当事人撤销裁决的申请。因此，裁决具有法律可以撤销情形的，当事人一定要在法律规定的有效期限内向人民法院提出申请。

仲裁法仅将申请撤销仲裁裁决的权利赋予了当事人而未赋予案外人，故依据现行法律案外人不能成为申请撤销仲裁裁决的主体。但是，从上文可知，案外人可以通过申请不予执行裁决来获得法律救济。

三、申请撤销仲裁裁决应提交哪些材料

当事人向人民法院申请撤销仲裁裁决应当提供下列材料：
（1）撤销仲裁裁决申请书；
（2）申请人主体资格证明材料（身份证明材料）；
（3）需要委托代理人的，应提交委托人签名或盖章的授权委托书，授权委托书必须记明委托事项和权限；
（4）仲裁裁决书原件；
（5）证明收到裁决书日期的材料；
（6）仲裁协议或载有仲裁条款的合同件。

四、人民法院在什么情况下对当事人撤销仲裁裁决的请求不予支持

这种情况比较复杂，应该具体问题具体分析，归纳起来，以下情况撤销裁决的请求一般得不到法院的支持：
（1）当事人请求撤销仲裁调解书或根据当事人之间的和解协议作出的仲裁裁决的，人民法院不予支持。
（2）当事人仅以仲裁裁决结果错误或者适用法律错误为由申请撤销仲裁裁决的，人民法院不予支持。
（3）当事人申请不予执行仲裁裁决被驳回后，又以相同的理由申请撤销仲裁裁决的，人民法院裁定不予支持。但当事人以《仲裁法》第58条第一款第（四）项或者第（五）项规定情形为由的，人民法院应当受理。①
（4）当事人一方在仲裁过程中隐瞒己方掌握的证据，仲裁裁决作出后以己方所隐瞒的证据足以影响公正裁决为由申请不予执行仲裁裁决的，人民法院不予支持。
（5）仲裁庭按照仲裁法或仲裁规则以及当事人约定的方式送达仲裁法律文书，但当事人主张不符合民事诉讼法有关送达规定的，人民法院不予支持。

---

① 《仲裁法》第58条规定："当事人提出证据证明裁决有下列情形之一的，可以向仲裁委员会所在地的中级人民法院申请撤销裁决：……（四）裁决所根据的证据是伪造的；（五）对方当事人隐瞒了足以影响公正裁决的证据的；……"

（6）适用的仲裁程序或仲裁规则经特别提示，当事人知道或者应当知道法定仲裁程序或选择的仲裁规则未被遵守，但仍然参加或者继续参加仲裁程序且未提出异议，在仲裁裁决作出之后以违反法定程序为由申请不予执行仲裁裁决的，人民法院不予支持。

人民检察院是国家的法律监督机关，能否对仲裁裁决进行法律监督？最高人民法院《关于人民检察院对不撤销仲裁裁决的民事裁定提出抗诉人民法院应否受理问题的批复》认为："人民检察院对发生法律效力的不撤销仲裁裁决的民事裁定提出抗诉，没有法律依据，人民法院不予受理。"我国法律目前尚无人民检察院对仲裁裁决行使法律监督的规定。

再议仲裁的外部监督——双轨制与两条路

一、再议司法监督

仲裁与司法是我国互为补充的两种解决民商事纠纷的法律途径。随着现代国际贸易的发展和国际交往的日趋频繁，仲裁以其其具有的灵活、高效、便捷等司法制度无可比拟的优势，受到越来越多国家的支持。

仲裁最大的特点是充分尊重合同当事人的意思自治原则。仲裁权带有私权性和终局性，但它的私权性是以国家的法律强制性为后盾的，在一定条件下演化为公权。形象地说，仲裁权是以私权为始，以公权为终。任何权力都会存在滥用的可能，所以权力就必须受到监督。在仲裁一局终局制下，仲裁权一旦被滥用，其危害不仅限于当事人，还会危及仲裁的公信力甚至整个仲裁法律制度。监督就是为了保证仲裁的公正性和正当性。仲裁司法监督也越来越多地受到业界的关注。

仲裁的司法监督有广义和狭义之分。广义的司法监督包括法院对仲裁的支持和协助，也称"积极的支持"，例如法院应仲裁委的要求采取证据保存、财产保存，根据当事人的要求强制执行仲裁裁决，等等。狭义的司法监督仅仅指法院对仲裁的审查与控制，也称"消极的否定"，其表现形式是撤销仲裁裁决、不予执行仲裁裁决，见前文。通常，我们所说的司法监督是指后者。下文的内容也是主要针对后者制度设计而言的。

二、目前司法监督的情况

目前，我国司法对仲裁的监督实行"双轨制"和"两条路"。

"双轨制"指的是把仲裁案件划分为涉外仲裁和国内仲裁，分别适用不同的司法监督标准，这是就仲裁案件的性质而言的。

"两条路"指的是司法监督分为"撤销裁决"和"不予执行裁决"两种手段，分别由不同的法院行使，这是就具体行使监督权的法院而言的。

（一）"双轨制"

双轨制的至关重要的问题是如何定性"涉外仲裁"与"国内仲裁"。我国的

《仲裁法》第七章为"涉外仲裁的特别规定",但该章节对于如何界定"涉外仲裁"并无作出定义,我国的其他法律也无专门规定。那么,实践中"涉外仲裁"如何定性?如何判定具有仲裁案件涉外因素?在处理这一问题时,我们基本套用了诉讼的中的惯性思维:仲裁关系是一种民事法律关系,既然是民事法律关系,就应该按照法律关于民事法律关系的定性条文来判断其性质。因为法律没有"涉外民事法律关系的定义",就只好寻求于司法解释了。

《最高人民法院关于适用〈中华人民共和国涉外民事关系法律适用法〉若干问题的解释(一)》第1条规定:

"民事关系具有下列情形之一的,人民法院可以认定为涉外民事关系:

(一)当事人一方或双方是外国公民、外国法人或者其他组织、无国籍人;

(二)当事人一方或双方的经常居所地在中华人民共和国领域外;

(三)标的物在中华人民共和国领域外;

(四)产生、变更或者消灭民事关系的法律事实发生在中华人民共和国领域外;

(五)可以认定为涉外民事关系的其他情形。"

《最高人民法院关于适用〈中华人民共和国民事诉讼法〉的解释》第522条规定:

"有下列情形之一,人民法院可以认定为涉外民事案件:

(一)当事人一方或者双方是外国人、无国籍人、外国企业或者组织的;

(二)当事人一方或者双方的经常居所地在中华人民共和国领域外的;

(三)标的物在中华人民共和国领域外的;

(四)产生、变更或者消灭民事关系的法律事实发生在中华人民共和国领域外的;

(五)可以认定为涉外民事案件的其他情形。"

以上两个解释文字表述不尽相同,但其含义基本一致。从上文可得出结论:"涉外仲裁"是参照"涉外民事关系"来定性的,定性的最终决定主体是人民法院,其依据是最高人民法院的司法解释。一些仲裁机构在其仲裁规则的"涉外仲裁"定义中,也基本搬用了上述文字。

"双轨制"确定了仲裁案件的性质是属于"涉外"还是"国内"后,就分别采用不同的司法监督标准和手段了。

对于涉外仲裁裁决,根据《仲裁法》第70条规定,当事人提出证据证明涉外仲裁裁决有民事诉讼法第260条第一款规定的情形之一的,经人民法院组成合议庭审查核实,裁定撤销。原民诉法第260条已变更为现行民诉法第274条。第一款规定的情形为:

"（一）当事人在合同中没有订有仲裁条款或者事后没有达成书面仲裁协议的；

（二）被申请人没有得到指定仲裁员或者进行仲裁程序的通知，或者由于其他不属于被申请人负责的原因未能陈述意见的；

（三）仲裁庭的组成或者仲裁的程序与仲裁规则不符的；

（四）裁决的事项不属于仲裁协议的范围或者仲裁机构无权仲裁的。"

从上述规定可以看出，对涉外仲裁裁决除非出现仲裁程序的错误，否则不属于司法审查范围。

对于国内仲裁裁决，根据《仲裁法》第58条规定，当事人有证据证明下列情形的，可以申请人民法院撤销仲裁裁决：

"（一）没有仲裁协议的；

（二）裁决的事项不属于仲裁协议的范围或者仲裁委员会无权仲裁的；

（三）仲裁庭的组成或者仲裁的程序违反法定程序的；

（四）裁决所根据的证据是伪造的；

（五）对方当事人隐瞒了足以影响公正裁决的证据的；

（六）仲裁员在仲裁该案时有索贿受贿，徇私舞弊，枉法裁决行为的。"

不予执行仲裁裁决的情形与上述规定相同。

通过对比，我们可以发现，上述规定中，只有第（一）点内容基本相同，其他规定不尽一致。对于国内仲裁案件的司法审查范围远超涉外仲裁案件的审查范围，甚至已包含了某些实体内容。

在监督权限的行使上，对于"涉外"与"国内"仲裁裁决有不同的规定。根据《仲裁法》第58条、第63条，《民事诉讼法》第237条和《〈仲裁法〉解释》第29条的规定，对于国内仲裁裁决的司法监督，由中级人民法院负责。对于涉外仲裁裁决的监督，最高人民法院1998年《关于人民法院撤销涉外仲裁裁决有关事项的通知》规定，对涉外民事仲裁裁决的审查由中级人民法院进行，如果人民法院认为涉外民事仲裁裁决具有撤销或不予执行情形的，在裁定撤销或拒绝承认和执行之前，必须报请本辖区的高级人民法院进行审查；如果高级人民法院同意撤销、不予执行或者拒绝承认和执行，应将其审查意见报最高人民法院。必须在最高人民法院答复后，才可裁定撤销、不予执行或者拒绝承认和执行。

最高人民法院在2017年12月发布《关于审理仲裁司法审查案件若干问题的规定》后，"双轨制"现象有所淡化。

（二）"两条路"

"两条路"指的是，法院对仲裁裁决的司法监督分为"撤销裁决"和"不予执行裁决"两个部分。《仲裁法》第58条、第63条，《民事诉讼法》第237条、

274 条和《〈仲裁法〉解释》第 29 条等有所规定。这说明了我国现行法律实行撤销和不予执行仲裁裁决的双重监督。详见上一章节。

三、司法监督的变化

我国的商事仲裁立法较晚。1994 年制定《仲裁法》，才结束了我国几十年来"有商事仲裁实践无商事仲裁立法"的局面，现代意义的商事仲裁才开始大规模发展。囿于历史的局限，《仲裁法》通过第 58 条和第 63 条规定，设定我国司法对仲裁进行双重监督的"严格模式"，即"双轨制""两条路"。

当时，我国的《民事诉讼法》施行才几年，对于现代仲裁的认识还不深刻，实践也不丰富，在设计司法监督的时候，《仲裁法》与《民事诉讼法》是脱节的。《仲裁法》第 58 条与《民事诉讼法》（1991 年版）第 217 条都规定了关于司法对仲裁监督的条款，对比一下，两者差别很大：

《仲裁法》第 58 条的规定，前文已述，不再重复。看看《民事诉讼法》（1991 年版）第 217 条的规定：

"被申请人提出证据证明仲裁裁决有下列情形之一的，经人民法院组成合议庭审查核实，裁定不予执行：

（一）当事人在合同中没有订有仲裁条款或者事后没有达成书面仲裁协议的；

（二）裁决的事项不属于仲裁协议的范围或者仲裁机构无权仲裁的；

（三）仲裁庭的组成或者仲裁的程序违反法定程序的；

（四）认定事实的主要证据不足的；

（五）适用法律确有错误的；

（六）仲裁员在仲裁该案时有贪污受贿、徇私舞弊，枉法裁决行为的。

人民法院认定执行该裁决违背社会公共利益的，裁定不予执行。"

通过上面的文字分析，我们可以发现，司法监督的"两条路"是不平衡的。相比于撤销仲裁裁决，法院裁定不予执行仲裁裁决的理由更为宽泛，包括了"证据不足""适用法律错误"等实体方面的审查。也就是说，就算法院裁定驳回关于撤销裁决的申请后，当事人仍可以较为容易地获得法院不予执行的裁定。

《仲裁法》与《民事诉讼法》的这种相脱节状况一直持续到 2013 年 1 月 1 日新《民事诉讼法》（2012 年版）施行。新《民事诉讼法》第 237 条对于不予执行仲裁裁决的情形作了修订，最新规定如下：

"（一）当事人在合同中没有订有仲裁条款或者事后没有达成书面仲裁协议的；

（二）裁决的事项不属于仲裁协议的范围或者仲裁机构无权仲裁的；

（三）仲裁庭的组成或者仲裁的程序违反法定程序的；

（四）裁决所根据的证据是伪造的；
（五）对方当事人向仲裁机构隐瞒了足以影响公正裁决的证据的；
（六）仲裁员在仲裁该案时有贪污受贿，徇私舞弊，枉法裁决行为的。
人民法院认定执行该裁决违背社会公共利益的，裁定不予执行。"

仔细阅读条文发现，新法仅对条文第（四）、第（五）项作了修改，把"证据不足""适用法律错误"分别改为"伪证""隐瞒证据"，与《仲裁法》关于撤销裁决的规定一致。这与国际上的司法监督相比差距仍然很大，但已经是可喜的进步。

四、司法监督存在的问题

首先是涉外仲裁问题。把仲裁案件分为"涉外"与"国内"，带有强烈的计划经济痕迹。在今天经济全球化日益加快加深发展形势下，越来越多的中国企业走出去，我国几乎所有的产业独都具有涉外性，纯粹的国内产业越来越少。在改革开放以前甚至改革开放初期，我国的许多领域、许多行业对外商投资者实行超国民待遇，这是特定历史时期的产物，有其历史的合理性。"双轨制"就是这种超国民待遇思维在法律领域、仲裁领域的自然延伸。加入世贸后，许多领域、许多行业对外商投资者实行超国民待遇的现象，不断淡化、甚至消失了。服务于经济发展的仲裁事业及其司法监督，应该适应形势的发展需要及时作出调整，不应再内外有别，实行两种不平等的待遇。

其次，仲裁案件是否"涉外"由法院决定，这样就会不可避免地出现人民法院司法权过度干预仲裁的情况，有违国际上的通行做法。这个做法不尽科学、不尽合理，例如，一个美国公司在中国注册设立一个法人独资企业，按照以上的习惯思维，该企业与我国国内的其他企业发生纠纷，属于国内民事法律关系。这显然不能真实地反映该法律关系的涉外性，忽视了仲裁案件的特殊性。这在一程度上促成了外商企业选择境外的仲裁机构，避免案件定性时遇到国内法院的"自由裁量权"和过度的司法审查。

在"双轨制"思维之下，撤销涉外仲裁裁决的最终决定权，掌握在最高人民法院手中。而撤销国内仲裁裁决的决定权，则由中级人民法院行使。这种内外有别的做法，有悖国际上通行的当事人一律平等的法律精神。另外，还滋生了与之相伴随的困惑：仲裁机构可否就仲裁案件的涉外定性作出决定？当事人可否就仲裁机构的定性向人民法院提出异议？如果人民法院认为仲裁机构关于仲裁案件的涉外定性有误是否可以纠正？目前的法律框架无法回答这些问题。

再次，"两条路"的双重监督问题。

"撤销裁决"由仲裁机构所在地的中级人民法院管辖，"不予执行裁决"由受理执行的人民法院管辖。两种监督的理由是重复的。受理执行的人民法院有可能是被执行人所在的中级人民法院，也可能是被执行财产所在地的中级人民法院。所以，行使双重监督权的法院极可能是两个不同的法院。

由两个法院运用两个司法监督程序审查，作出的结果有可能是矛盾的。实践中也出现过这样的例子，当事人申请撤销裁决被驳回，但当事人又向负责执行的法院申请不予执行，结果法院裁定不予执行。从法理来讲，当事人申请撤销裁决被驳回，就说明这个裁决是有效的，应该得到执行，但现实是另一法院不予执行。

这样的结果很荒唐，它过分地保护了败诉方的利益，损坏了胜诉方的权益，出现权力保护失衡，已严重影响了仲裁机构的公信力以及法院的信誉和权威。最高人民法院已意识到双重监督的弊端，在其司法解释中作出修正，例如，申请撤销仲裁裁决被驳回后，规定不得以相同的理由再申请不予执行，但这并未彻底解决矛盾。对于这一矛盾，可采取以下方法：第一，将撤销仲裁裁决作为对境内仲裁机构的裁决进行司法监督的唯一手段，而司法监督审查的内容仅限于程序性事项和公共秩序，由仲裁机构所在地的中级人民法院管辖；第二，保留不予执行仲裁裁决司法监督制度，但仅适用于对外国仲裁机构的裁决的司法监督，由中级人民法院管辖。

申请仲裁立案的窍门

仲裁是解决经济纠纷的有效法律途径。如何向仲裁机构提出申请仲裁？要注意哪些问题？

一、什么情况下才能申请仲裁

仲裁的受案范围仅限于民商事纠纷，也就是平常大家熟知的经济贸易纠纷。绝大多数经济纠纷都属于仲裁机构的受理范围。申请仲裁，必须具备下列条件：

（1）在合同里有仲裁协议或仲裁条款。如果当事人原来的合同里面没有仲裁条款，当事人可另行补签一份仲裁协议。实践中，当事人一旦发生纠纷，再补签仲裁协议的可能性不大。

（2）有具体的仲裁请求和事实、理由。争议的内容是什么？有什么证据和理由？希望仲裁庭支持哪些事项？这些应该一一列明。

（3）争议的内容属于仲裁委员会的受理范围。《仲裁法》第3条对于仲裁机构的受理范围作出了规定。

二、当事人向仲裁委员会申请仲裁应提交的材料

当事人向仲裁委员会申请仲裁应提交下列材料：

（1）载有仲裁协议的文字资料。主要指有仲裁协议（仲裁条款）的合同，或单独的仲裁协议。

（2）仲裁申请书及副本。仲裁申请书的格式与诉讼中的起诉状类似。申请书的数量＝当事人的人数＋仲裁员人数＋仲裁委1份。例如，申请人1人，被申请人3人，仲裁员3人，仲裁委1份，申请书总共就是8份。

（3）申请人、被申请人的身份证明。申请人、被申请人为自然人的，应提交身份证复印件或其他身份证明材料；申请人、被申请人是法人的，应提交营业执照复印件或者工商注册登记资料、申请人法定代表人证明书；申请人、被申请人是其他组织的，应提交有关部门关于该组织成立的批准文件或者能够证明其主体资格的材料如机构代码证等。

（4）委托代理人的授权委托书。如果当事人委托代理人出庭的话，就必须提交授权委托书，注明代理权限。至于可以委托多少代理人，诉讼中规定不超过2人，但仲裁没特别的规定，有些仲裁机构规定不超过3人。仲裁中对代理人的身份也不像诉讼那样有特别的要求，成年公民即可担任仲裁代理人，这体现了仲裁秉持意思自治原则的精神。

（5）有关证据材料等。

三、仲裁申请书的内容

仲裁申请书的内容与起诉状类似。仲裁申请书应当包括以下内容：

（1）仲裁当事人的基本情况。包括：当事人是个人的，应写明姓名、性别、年龄、职业、工作单位、住所、通信地址、电话号码、电子邮箱等。当事人如果是法人或其他组织的，应写明法人或其他组织的名称、住所和法定代表人或者主要负责人的姓名、职务。这些基本情况应当按申请人、被申请人的顺序写出。当事人如果委托了律师或其他代理人参加仲裁活动的，还应当写明律师或其他代理人的情况。

（2）仲裁请求。应将请求具体化，并写明这些请求所根据的事实、理由是什么。

（3）证据和证据来源、证人姓名和住所。因为仲裁法规定，仲裁申请人对自己的主张负有举证责任，所以申请人在提出仲裁请求的同时，还应当提供有关的证据和证据来源、证人姓名和住所，以便仲裁庭核实与调查，及时作出裁决。

四、仲裁费用

仲裁费用是指当事人向仲裁委员会申请仲裁，依法应当交纳的一定费用。仲裁收费是仲裁机构立案的前提。国际上所有的商事仲裁都是收费的，我国的商事仲裁收费也不例外。国务院《关于印发重新组建仲裁机构方案、仲裁委员会登记管理办法、仲裁委员会收费办法的通知》对仲裁机构的收费标准作了规定。其收费标准基本上与法院的诉讼收费相当，标的越大收费比例越低。仲裁费用包括：

（1）案件受理费。用于给付仲裁员报酬、维持仲裁委员会正常运转的必要开支，由申请人按照仲裁案件受理费标准的规定预交。

（2）案件处理费。用于支付仲裁员因办理仲裁案件出差、开庭而支出的食宿费、交通费及其他合理费用；用于复制、送达案件材料、文书的费用等。由申请人预交。

案件受理费、处理费的收费标准，由国家统一规定。仲裁费用由提出申请的一方当事人预付，裁决时一般由败诉方承担。

仲裁案件过程中，当事人可能增加仲裁请求，当事人应该根据增加的数额补交仲裁费。

另外，在审理案件过程中，还可能产生其他费用，如咨询、鉴定、勘验、翻译等费用。这些费用由提出申请的一方当事人预付，也可由双方约定分担。双方无法达成一致约定费用承担时，由仲裁庭决定。这些费用是当事人直接开支的，不是由仲裁机构收取的。

五、仲裁费用由谁承担

前文提到了仲裁费的预交，"预交"不等于"负责到底"。那么，这些仲裁费最后由谁承担？

仲裁庭在仲裁裁决中或在案件结案时，有权对仲裁费用的最后承担作出决定。仲裁费用原则上由败诉方承担。当事人部分胜诉、部分败诉的，由仲裁庭根据当事人各方责任大小即胜诉比例，酌情确定其各自应当承担的仲裁费用的比例。当事人也可以在协议中约定仲裁费由谁承担及其承担比例。

六、仲裁当事人的权利

归纳起来，仲裁当事人享有以下一些基本的权利：

（1）提出、放弃或变更仲裁请求、提出反请求，进行询问、答辩和辩论的权利；

（2）约定仲裁庭的组成方式、选择仲裁员的权利；

（3）协议选择、修改审理程序的权利；

（4）申请仲裁员回避的权利；

（5）申请证据保全和财产保全的权利；

（6）请求调解和自行和解的权利；

（7）申请人民法院执行仲裁裁决的权利；

（8）申请人民法院撤销或不予执行仲裁裁决的权利；

（9）委托代理人代为进行仲裁活动的权利；

（10）法律或仲裁规则规定的其他权利：例如，有权约定开庭时间，有权查阅案件记录，有权申请修改、补充仲裁笔录，申请补正或更正裁决书等。

以上当事人的仲裁权利与诉讼中的权利差不多，但有一些权利是仲裁中特有的，如第（2）（3）项权利。

七、仲裁当事人的义务

归纳起来，仲裁当事人须遵守以下一些基本的义务：
（1）应当按照规定交纳仲裁费用、保全费用；
（2）应当对自己的主张提供证据；
（3）应当按照开庭通知的要求出庭；
（4）应当遵守仲裁庭审纪律；
（5）有义务如实回答仲裁庭的提问；
（6）有义务尊重仲裁的独立性，不得干涉；
（7）有义务根据仲裁庭要求提供证据或资料，不得隐瞒；
（8）有义务在申请财产保全有误时，赔偿被申请人的损失；
（9）应当自觉履行仲裁调解书和仲裁裁决书；
（10）法律或仲裁规则规定的其他义务。

八、签发授权委托书的注意事项

（一）在什么情况下签订授权委托书

如果仲裁一方的当事人是法人或公民，但该法人的法定代表人或公民本人不能亲自处理仲裁程序中的一些事务，或者对仲裁事务或者法律实务不太熟悉时，那么就需要委托他人代理自己来处理这些事务。被委托人可以是本公司的工作人员，也可以是律师，或者是当事人信任的其他公民。无论委托人与被委托人是否签订委托合同，都必须向仲裁机构提交一份授权委托书，仲裁机构才会允许代理人代表当事人来处理仲裁程序中的事务，才能出庭以及查阅案卷。签发授权委托书之后，代理人在授权范围内做的一切事情，都由被代理人来承担责任。因此，授权委托书是一份很重要的法律文件，签发时需要非常谨慎。

（二）授权委托书的内容

授权委托书起码应具备以下五项内容：一是委托人的名称或姓名，法定代表人的姓名；二是被委托人的姓名、职位、工作单位；三是授权的范围；四是授权的时间；五是签发授权委托书的时间。

授权的范围可以按时间来计算，也可以以案件来划分。按时间来计算，就是从某年某月某日起至某年某月某日止。不足之处是，到了授权的截止日期但仲裁程序尚未结束时，则需要向仲裁机构另行出具授权委托书或以书面形式通知仲裁机构延长授权的时间。所以，一般都是以案件来划分授权范围，即授权代理人处理某某仲裁案件的事务。无论是以按时间来计算，还是以案件来划分授权，委托人如果对代理人不满意，可以随时终止授权。

（三）如何界定代理权限

授权范围就是代理人行使代理权的范围，也可叫代理权限。这是授权委托书最重要的部分。一般来说，授权范围分为三种：一般授权、全权授权和特别授权，与之对应的就是一般代理、全权代理和特别代理。当事人可以综合考虑各种情况，决定向代理人进行何种授权。

（1）一般代理。是指代理人仅仅代为处理一般性事务的权力，在仲裁中即指提交、接收仲裁文书，进行调查，出庭陈述与辩论等。但不得代当事人行使实体处分权和重要程序的决定权，比如选择仲裁员，选择何种仲裁程序，承认、放弃、变更仲裁请求等，这些权利不属于一般代理范围。

（2）全权代理。代理人如果有当事人的全部授权，即我们通常所说的"全权代理"，就可以在仲裁程序中便宜行事，尤其是在调解的时候，不必时时请示法定代表人，各个文件上都要盖公司的公章等，这样就能够比较快速地推进仲裁。但如果事关重大，不希望代理人有很大的处分权的话，当事人就可以只授予一般代理权。

（3）特别代理。也称专门代理。无论在诉讼中还是在仲裁中，当事人在进行特别授权时，都需要将特别授权的事项一一列出，不在列举范围内的事项是无权代理的。具体到仲裁中，当事人需要明确列出的特别授权事项，对申请人来说主要有下列三项：提出仲裁请求；选择案件适用的程序及选定仲裁员；承认、放弃、变更仲裁请求。对被申请人来说主要有下列三项：提出反请求；选择案件适用的程序及选定仲裁员；承认、放弃、变更仲裁请求。

当事人的授权当然可以更详细，如在多少额度以下代理人可以与对方和解，但实际上这并没有太大的意义，因为一般情况下，即便是全权代理人，也会根据事先商定的方案谨慎从事，而不会贸然地行使处分权。

无论怎样，授权委托书是一份重要的法律文件，签发时一定要考虑各种可能的情形。

商事往来中，如何签订仲裁协议

仲裁协议是仲裁的基石，是仲裁机构受理案件、启动仲裁程序的前提。协议管辖，是仲裁与司法的显著区别之一。

仲裁协议，简单来讲，就是当事人通过协议约定，把可能发生或已经发生的争议提交给仲裁机构处理的意思表示，是当事人行使意思自治权利的方式之一。

一、仲裁协议的概念

可以从以下三个方面来理解仲裁协议这一概念。

（一）从性质上看，仲裁协议是一种合同

它必须建立在双方当事人自愿、平等和协商一致的基础上。仲裁协议是双方当事人共同的意思表示，是他们同意将争议提交仲裁的一种表现形式。所以说仲裁协议是一种合同。

（二）从形式上看，仲裁协议要求采用书面形式

一般的合同可以是书面形式也可以是口头形式，仲裁协议的形式具有特殊性，这种特殊性就是要求要有书面形式。对此，我国仲裁法有明确规定。《仲裁法》第16条规定，仲裁协议包括合同中订立的仲裁条款和以其他书面方式在纠纷发生前或者纠纷发生后达成的请求仲裁的协议。从仲裁法的这一规定可以看出，我国只承认书面仲裁协议的法律效力，以口头方式或默示方式订立的仲裁协议法律不予认可。当事人以口头仲裁协议为依据申请仲裁的，仲裁机构不予受理。

因此，在实践中当事人应用书面形式订立仲裁协议，如果是以口头形式订立的，应及时转化为书面协议。例如，如果双方当事人通过电话谈妥了将他们之间的纠纷提交仲裁的事宜，一方当事人应当及时整理出电话记录，并要求对方予以确认，否则这样的仲裁协议无效。对于口头形式的仲裁协议，仲裁机构有时也会灵活处理，先予立案受理然后在开庭时再询问当事人是否愿意提交本仲裁庭处理，记录在案，双方签字，这也视为达成了仲裁协议。当然，如果只有一方当事人出庭，仲裁程序就无法进行了。

仲裁协议采取书面形式，是国际社会的主流。1958年《纽约公约》第2条第1款要求仲裁协议必须是"书面形式"；1998年《德国民事诉讼法典》第1031条也有这样的规定。但也有一些国家不要求书面形式，如英国普通法对仲裁不要求书面的仲裁协议，荷兰亦允许口头或以某种习惯形式订立仲裁条款；瑞典、日本、丹麦等国均未就仲裁协议的形式做出规定。

（三）从内容上看，仲裁协议是当事人约定解决争议的途径

当事人约定提交仲裁的争议可以是已经发生的，也可以是将来可能发生的争议。在仲裁协议中需要约定的是明确表达仲裁的意愿。

仲裁协议作为整个仲裁活动的前提和基本依据，有着如下法律特征：

（1）仲裁协议只能由合同各方当事人订立，否则就不可能在有关合同发生争议时约束各方当事人。例如，夫妻两人向银行申请贷款，共同签订了借款合同。后来，银行又与丈夫签订了仲裁协议，但妻子没在仲裁协议签名，仲裁协议就只能约束丈夫。发生纠纷后，如果银行提交仲裁机构处理，仲裁机构只能对丈夫行使管辖权。这与法院处理案件是不同的。

（2）仲裁协议具有妨诉效力。妨诉效力就是排除法院管辖的效力。仲裁协议一经签订，就成为仲裁委员会受理合同争议的凭据，法院不能受理。同时在申请法院执行时，也以它作为撤销裁决或强制执行裁决的依据。

（3）仲裁协议具有独立性。如果是以仲裁条款的形式写入合同，那就是合同的重要组成部分，其他条款的无效包括整个合同无效都不影响仲裁条款的效力，这称之为"仲裁条款的独立性"。如果双方当事人签订了单独的仲裁协议，则可视为一个独立的合同。仲裁协议与它所指向的合同本身，由不同的法律、法规调整，前者是程序性合同，后者是实体性合同，是两个不同的合同。

二、签订仲裁协议的方式

（一）仲裁协议应以书面仲裁协议来体现，主要有三种类型：仲裁条款、仲裁协议书和其他文件中包含的仲裁协议。

1. 仲裁条款

双方在经贸合同中，在合同结尾部分往往有一个句话：本合同争议协商解决，协商不成提交某某处理。这就是"争议解决条款"。仲裁条款，是合同的争议解决条款中的一种，是指双方当事人在合同中订立的，将今后可能因该合同所发生的争议提交仲裁的条款。这种仲裁协议的特点是当事人就他们将来可能发生的争议约定提交仲裁解决，而且是在合同中用一个条款来表达。该条款作为合同的一项内容订立于合同中，是合同的组成部分。如当事人在购销合同中，除了规定货物的价款、数量、交货时间、地点等内容外，还规定了因履行合同引起争议

提交仲裁解决，其中有关仲裁内容的规定是整个合同的一个条款，这个条款称为仲裁条款。仲裁条款是仲裁实践中最常见的仲裁协议的形式，例如：

"因履行本合同及关联合同发生的一切争议，由当事人协商解决，协商不成，提交肇庆仲裁委员会仲裁。"

2. 仲裁协议书

仲裁协议书是指当事人之间订立的，一致表示愿意将他们之间已经发生或可能发生的争议提交仲裁解决的单独的协议。这种仲裁协议的特点是它是单独的仲裁协议，是在合同中没有规定仲裁条款的情况下，双方当事人为了专门约定仲裁内容而单独订立的一种协议。而且，当事人可以在争议发生之前，也可以在争议发生之后订立。例如，在订立建筑工程承包合同时，双方当事人没有约定争议的解决方式，事后双方当事人再专门订立一个协议，约定有关仲裁事宜，这样一个协议就是仲裁协议书。例如：

仲裁协议

甲方：
乙方：
双方协商同意，愿就_____争议提交肇庆仲裁委员会仲裁。

甲方（签章）：   乙方（签章）：
　年　月　日   　年　月　日

3. 其他文件中包含的仲裁协议

在民事经济活动中，当事人订立合同的形式多种多样，既有专门冠以"合同""合约""协议"等名称的书面文件材料，还可能通过相互之间来往的信函、电报、电传、传真、电子数据交换、电子邮件或其他形式来反映、记载其商事交易的内容。这些往来文件中如果包含有双方当事人同意将他们之间已经发生或可能发生的争议提交仲裁的内容，那么，有关文件即是仲裁协议。这种类型的仲裁协议与前两种类型的仲裁协议的不同之处在于，仲裁的意思表示一般不会全部集中表现于某一份文件之中，而往往分散在当事人之间彼此多次往来的不同文件中。例如，当事人可以通过"要约"的方式达成仲裁协议，一方当事人将他希望订立仲裁协议的意愿向另一方当事人发出传真，如果另一方回复同意传真的内容，那么，这一去一回的传真内容，就构成了仲裁协议。随着通信方式的快速发展，这种形式的仲裁协议也较为常见。但是，这种方式的仲裁协议，必须能够通过有形的形式表现出来。

（二）从仲裁协议订立的时间来看，仲裁协议可分为两种：争议发生前达成的仲裁协议和争议发生后达成的仲裁协议。

仲裁协议书和其他形式的仲裁协议既可以是在争议发生之前订立，也可以是在争议发生之后订立。一般来说，当事人采用哪种仲裁协议形式更为便利？首先，当事人应尽可能在争议发生之前订立仲裁协议。因为争议发生后，由于当事人的利害关系明显，争议双方往往不容易达成仲裁协议。其次，当事人应尽量选择仲裁条款这种形式。因为仲裁条款是在争议发生之前订立的，它是当事人事先设定的，可以避免以后双方就仲裁管辖的问题发生争议。而且这种形式省时、简便，当事人只要在合同中做约定就可以了，避免了事后再专门约定仲裁条款的麻烦。同时，在合同中约定仲裁条款，也可以在一定程度上督促当事人履行合同。

三、仲裁协议的要素

一份完整、有效的仲裁协议必须具备法定的内容。根据我国《仲裁法》第16条的规定，仲裁协议应当包括下列要素：请求仲裁的意思表达、仲裁事项、仲裁机构。

（一）请求仲裁的意思表达

请求仲裁的意思表达是仲裁协议的首要内容。当事人在表达请求仲裁的意思表示，需要注意四个问题：

（1）仲裁协议中当事人请求仲裁的意思表达要明确。请求仲裁的意思表示不明确的仲裁协议无法判断当事人的真实意思，仲裁机构也无法受理当事人的仲裁申请。申请仲裁的意思表示明确，最主要是要求通过该意思表示，可以得出当事人排除司法管辖而选择仲裁解决争议的结论。对这个要求，英国法院在1856年斯科特诉艾费里案中确立了一个判例规则，仲裁协议中必须含有当事人合意提交仲裁解决纠纷的意图，普通法上称之为"斯科特诉艾费里条款"。根据这种条款，仲裁协议确认了仲裁裁决是提起诉讼的先决条件，在仲裁裁决作出之前，当事人任何一方均不得提起诉讼，除非法院依职权终止上述条款。根据这个要求，人们平常所看得到的一些约定，比如约定"因本合同引起的争议由双方协商解决，协商不成的，提交某仲裁机构仲裁或者向法院起诉"等，这样一些约定就是请求仲裁的意思表示不明确的约定，是无效的。

（2）请求仲裁的意思表达必须是双方当事人共同的意思表示，而不是一方当事人的意思表示。不能证明是双方当事人的共同意思表示的仲裁协议是无效的。

（3）请求仲裁的意思表达必须是双方当事人的真实意思表示，即不存在当事人被胁迫、欺诈等而订立仲裁协议的情况，否则仲裁协议无效。

（4）请求仲裁的意思表达必须是双方当事人自己的意思表示，而不是任何其他人的意思表示，比如上级主管部门不能代替当事人订立仲裁协议。

(二) 仲裁事项

仲裁事项即当事人提交仲裁的具体争议事项。它解决的是"仲裁什么"的问题。在仲裁实践中，当事人只有把订立于仲裁协议中的争议事项提交仲裁，仲裁机构才能受理。同时，仲裁事项也是仲裁庭审理和裁决纠纷的范围。即仲裁庭只能在仲裁协议确定的仲裁事项的范围内进行仲裁，超出这一范围进行仲裁，所作出的仲裁裁决，经一方当事人申请，法院可以不予执行或者撤销。因此仲裁协议应约定仲裁事项。

仲裁协议中约定的仲裁事项，应当符合下面两个条件：

1. 争议事项具有可仲裁性

法院受理案件涵盖了民事、行政、刑事的各个领域，而仲裁受理案件有很大的局限性，通常叫作可仲裁性，是指法律允许仲裁机构仲裁的事项范围。仲裁协议中双方当事人约定提交仲裁的争议事项，必须属于仲裁立法允许采用仲裁方式解决的争议事项，约定的仲裁事项超出法律规定的仲裁范围的，仲裁协议无效。各国法律都有这样的规定。我国《仲裁法》第2条和第3条分别规定了可以仲裁的范围和不可仲裁的范围。其中第2条规定"平等主体之间的合同纠纷和其他财产权益纠纷可以仲裁"，第3条规定"下列纠纷不能仲裁：婚姻、收养、监护、扶养、继承纠纷；依法应当由行政机关处理的行政争议"。从这两条的规定可以看出，并不是所有的争议都属于可仲裁的事项。下列争议不属于仲裁的范围：

（1）涉及当事人身份关系的争议不属于仲裁的范围。例如，甲某与乙某就离婚及共同财产的分割问题达成仲裁协议，请求某仲裁委员会仲裁解决，那么这个仲裁协议肯定是无效的，因为该仲裁协议约定的事项超出了法定仲裁范围。又比如，一个老先生去世后留下一栋房子，他的三个子女为继承之事争执不下，最后三个人约定让某仲裁机构来明断是非，这一约定也超出了法定仲裁范围，因而是无效的。

（2）不平等的主体之间发生的行政争议不属于可仲裁事项范围。而应由行政复议或行政诉讼来解决。行政争议是行政机关行使行政职权过程中与相对人发生的争议，如行政机关行使行政处罚权、行政许可权等与对方当事人发生的争议等，它涉及行政机关行使行政职权是否合法的问题，这需要有权力的国家机关来判断，而不应由作为非官方的仲裁机关来裁决。

（3）依法应由行政机构处理的纠纷不属于仲裁的范围。对民事纠纷应注意区分是财产纠纷还是侵权纠纷，侵权纠纷中属于权属方面的纠纷，一般不能仲裁。比如，土地所有权、使用权纠纷由行政机关专属管辖，不能采用仲裁方式解决。再如专利、商标等知识产权被侵权，按照我国《专利法》和《商标法》的规定，专利权人或者利害关系人只能向专利管理机关或工商行政机关请求处理，或向人民法院起诉，而不能将争议提交仲裁解决。

当然,如果当事人仅就专利、商标使用中的财产问题而不涉及其归属问题的争议,约定提交仲裁的,仲裁协议有效。

2. 仲裁事项具有明确性

仲裁权的来源,一是来源于法律的授权,二是来源于当事人的授权。当事人的授权是指,当事人将什么争议提交仲裁机构来裁决,在协议中必须明确。例如,在供货合同中,是将因产品质量问题引起的争议,还是因产品数量问题引起的争议,或是因整个供货合同引起的争议提交仲裁解决,应在仲裁协议中明确。仲裁机构只解决仲裁事项范围内的争议。如当事人约定"就产品质量问题引起的争议提交仲裁",这一约定就排斥了对因货物数量问题引起的争议进行仲裁的可能性。在具体约定时,对于已经发生的争议事项,其具体范围比较明确,因而较容易约定;对于未来可能性争议事项要提交仲裁,应尽量避免在仲裁协议中作限制性规定,包括争议性质上的限制、金额上的限制以及其他具体事项的限制,可采用宽泛的约定,如笼统地约定"因本合同及关联合同引起的争议提交某某仲裁"。这样有利于仲裁机构全面迅速地审理纠纷,充分保护当事人的合法权益,减少诉累。

(三)仲裁机构

仲裁只有协议管辖,不像法院那样实行地域管辖的、级别管辖、专业管辖。仲裁协议的另一项重要内容,就是明确约定管辖的仲裁机构。

"选定仲裁机构"是仲裁协议的生效要件之一,我国《仲裁法》第18条规定,对仲裁委员会没有约定或者约定不明确的仲裁协议无效。很显然这是将对仲裁机构的约定以及约定的明确性作为仲裁协议有效的强制性认定条件。当事人选定仲裁机构不明确的情况主要有:

1. 约定了两个以上仲裁机构

当事人在仲裁协议中约定了两个以上的仲裁机构,则其效力如何?最高人民法院《〈仲裁法〉解释》第5条对此有规定:"仲裁协议约定两个以上仲裁机构的,当事人可以协议选择其中的一个仲裁机构申请仲裁;当事人不能就仲裁机构选择达成一致的,仲裁协议无效。"这就意味着,当事人不能就仲裁协议中选定的两个以上仲裁机构之一达成一致,则仲裁协议无效。通常,纠纷发生后当事人因利益考量以及情绪对立很难就仲裁机构的选择达成一致,《〈仲裁法〉解释》实际上间接否定了此类仲裁协议的效力。

2. 既约定仲裁又约定诉讼

当事人在仲裁协议中约定发生纠纷后既可诉诸法院又可申请仲裁的情况屡见不鲜。按照通常理解,由于仲裁协议未能排除法院管辖权,无法确定当事人有明确而肯定的仲裁意思表示,因此此类仲裁协议在司法实践中往往被认定无效。最高人民法院《〈仲裁法〉解释》第7条规定:"当事人约定争议可以向仲裁机构申请仲裁也可以向人民法院起诉的,仲裁协议无效。"这种无效条款的情形,主要有两种情况:"本合同发生争议,提交某某仲裁委员会仲裁或人民法院起诉","本合同发生争议,提交某某仲裁委员会仲裁和人民法院起诉"。

但是,这种仲裁协议与前文约定两个仲裁机构的协议有所不同,所以,最高人民法院规定该"仲裁协议无效"的同时,还作了一个"但书"规定:但一方向仲裁机构申请仲裁,另一方未在《仲裁法》第20条第二款规定期间内提出异议的除外。

所以,既约定仲裁又约定诉讼的仲裁条款效力问题,要具体分析。

3. 只约定某某地的仲裁机构

由于当事人受其自身法律知识和对仲裁制度、仲裁机构了解程度的局限,往往在订立合同时不能具体而明确地表述仲裁机构名称,且发生纠纷后双方当事人对立情绪较大很难就此达成补充协议,无法进一步说明是哪一个仲裁机构的准确名称,从而使双方当事人通过仲裁解决民商事纠纷的愿望落空。为此,最高人民法院陆续颁布了一系列司法解释对"选定的仲裁委员会"从宽解释,而不是简单地以仲裁机构名称约定不明确为由否定仲裁协议的效力。学界和仲裁实务界的普遍看法是,只要仲裁协议对仲裁机构的表述在文字和逻辑上不发生歧义,并能够从文字和逻辑上确定仲裁机构,法院应当对仲裁协议的效力予以确认。最高人民法院《〈仲裁法〉解释》第3条、第6条和法经(1998)287号函在判断仲裁协议效力上采取了"尊重当事人意思自治"的标准,规定:"仲裁协议约定的仲裁机构名称不准确,但能够确定具体的仲裁机构的,应当认定选定了仲裁机构。"例如,约定甲方所在地的仲裁机构、工程项目所在地的仲裁机构或供方所在地的仲裁机构等等,能够指向唯一的仲裁机构的话,该选定是明确的、有效的。但是,如果上文的"甲方所在地""工程项目所在地""供方所在地"有两个或两个以上的仲裁机构的话,该选定是不明确的,是无效的。

四、仲裁协议的法律效力

仲裁协议的法律效力是指仲裁协议所具有的法律约束力。一项有效的仲裁协议的法律效力包括对双方当事人的约束力、对法院的约束力和对仲裁机构的约束力。

(一) 对当事人的法律效力

这是仲裁协议效力的首要表现。其一,仲裁协议约定的特定争议发生后,当事人就该争议的起诉权受到限制,只能将争议提交仲裁解决,不得单方撤销协议而向法院起诉;其二,当事人必须依仲裁协议所确定的仲裁范围、仲裁地点、仲裁机构等内容进行仲裁,不得随意更改;其三,仲裁协议对当事人还产生基于前两项效力之上的附随义务，即任何一方当事人不得随意解除、变更已发生法律效力的仲裁协议，当事人应遵守选定的仲裁委员会的仲裁规则，当事人应履行仲裁委员会依法作出的裁决，等等。

（二）对仲裁机构的法律效力

有效的仲裁协议是仲裁机构行使管辖权、受理案件的唯一依据。没有仲裁协议的案件，即使一方当事人提出仲裁申请，仲裁机构也无权受理。仲裁协议对仲裁管辖权有限制的效力，并对仲裁裁决的效力具有保证效力。当然，仲裁机构对仲裁协议的存在、效力及范围也依法拥有裁决权。

（三）对法院的法律效力

首先，有效的仲裁协议排除了法院的管辖权。

仲裁协议依法订立，对当事人双方即具有法律效力，人民法院也要充分尊重。

我国《仲裁法》第5条规定："当事人达成仲裁协议，一方向人民法院起诉的，人民法院不予受理，但仲裁协议无效的除外。"我国《民事诉讼法》第271条规定："涉外经济贸易、运输和海事中发生的纠纷，当事人在合同中订有仲裁条款或者事后达成书面仲裁协议，提交中华人民共和国涉外仲裁机构或者其他仲裁机构仲裁的，当事人不得向人民法院起诉。当事人在合同中没有订有仲裁条款或者事后没有达成书面仲裁协议的，可以向人民法院起诉。"一方当事人无视仲裁协议而直接向人民法院提起诉讼的，另一方当事人有权依据该仲裁协议请求人民法院不予受理或者终止司法程序，将有关争议交由仲裁机构裁决。

其次，对仲裁机构基于有效仲裁协议作出的裁决，法院负有执行职责。这体现了法院对仲裁的支持。我国《仲裁法》第6章和《民事诉讼法》第26章对此作了专门的规定。

最后，有效的仲裁协议是申请执行仲裁裁决时必须提供的文件。根据《纽约公约》的规定，为了使裁决能在另一国得到承认和执行，胜诉的一方应在申请执行时提交下列文件：仲裁裁决的正本或正式副本；仲裁协议的正本或正式副本。在执行外国仲裁裁决时，仲裁协议是否有效，是法院审查的重要内容之一。

五、仲裁协议无效的法定情形

仲裁协议是双方当事人意思表示一致的合意行为，法律在赋予其一定的约束力的同时，也往往明确规定达到具有这一约束力的强制性条件和规范。当仲裁协议违反了该条件和规范时，该仲裁协议无效。根据我国《仲裁法》的规定，归纳起来，仲裁协议在下列情形下无效：

（1）以口头方式订立的仲裁协议无效。

我国《仲裁法》第 16 条规定了仲裁协议的形式要件，即仲裁协议必须以书面方式订立。因此以口头方式订立的仲裁协议不受法律的保护。

（2）约定的仲裁事项超出法律规定的仲裁范围，仲裁协议无效。

我国《仲裁法》第 2 条和第 3 条规定，平等主体之间的合同纠纷和其他财产权益纠纷可以仲裁，而婚姻、收养、监护、扶养、继承纠纷以及依法应当由行政机关处理的行政争议不能仲裁，不再赘述。

（3）仲裁协议对仲裁事项没有约定或约定不明确，或者仲裁协议对仲裁委员会没有约定或者约定不明确，当事人对此又达不成补充协议的，仲裁协议无效。

仲裁协议中要明确规定仲裁事项和选定的仲裁委员会，这是仲裁法对仲裁协议的基本要求。如果仲裁协议中没有对此进行约定或者约定不明确，该仲裁协议则具有瑕疵。对于有瑕疵的仲裁协议，法律规定是可以补救的，即双方当事人可以达成补充协议。如果未能达成补充协议，仲裁协议即为无效

（4）无民事行为能力人或者限制民事行为能力人订立的仲裁协议是否无效？一方采取胁迫手段，迫使对方订立仲裁协议的，该仲裁协议是否无效？

我国《仲裁法》第 17 条规定，这种仲裁协议无效。为了维护民商事关系的稳定性及保护未成年人和其他无行为能力人、限制行为能力人的合法权益，法律要求签订仲裁协议的当事人必须具备完全的行为能力，否则，仲裁协议无效。如果有关当事人在仲裁程序开始时提出证据，证明他不是仲裁条款或仲裁协议的当事人，或订立时没有权利能力或行为能力，那么仲裁协议无效，对双方均无法律约束力。自愿原则是仲裁制度的根本原则，它贯穿于仲裁程序的始终。仲裁协议的订立，也必须是双方当事人在平等协商基础上的真实意思表示。而以胁迫的手段与对方当事人订立仲裁协议，违反了自愿原则，所订立的仲裁协议不是双方当事人的真实意愿，不符合仲裁协议成立的有效要件

但英美法系的法律则认为，在这种情况下，仲裁协议仍然是有效的。仲裁协议只是一个程序合同，并没有约定当事人的实体权利义务，仲裁机构仍然可以去审查当事人关于实体权利义务的合同是否有效成立，仲裁协议超然于自始无效的合同而独立存在。

六、仲裁协议的失效

仲裁协议的失效是指一项有效的仲裁协议因特定事由的发生而丧失其原有的法律效力。仲裁协议的失效不同于仲裁协议的无效，它们的根本区别在于，仲裁协议的失效是原本有效的仲裁协议在特定条件下失去了其效力，而仲裁协议的无效是该仲裁协议自始就没有法律效力。

仲裁协议在下列情形下失效：

（1）根据仲裁协议，仲裁庭受理了争议并作出仲裁裁决，即仲裁协议约定的提交仲裁的争议事项得到审理并裁决，该仲裁协议因此而失效。我国《仲裁法》第9条规定，裁决作出后，当事人就同一纠纷再申请仲裁或者向人民法院起诉的，仲裁委员会或者人民法院不予受理。

（2）根据仲裁协议，当事人达成了和解并由仲裁庭作出裁决书或调解书予以结案，该仲裁协议失效。

（3）当事人另行签订协议放弃原签订的仲裁协议，而使该仲裁协议失效。当事人协议放弃已订立的仲裁协议与协议订立仲裁协议一样，都是当事人的权利，仲裁协议一经双方当事人协议放弃，则失去效力。当事人协议放弃仲裁协议的具体表现为：①双方当事人通过达成书面协议，明示放弃了原有的仲裁协议。②双方当事人通过达成书面协议，变更了纠纷解决方式。如当事人一致选择通过诉讼方式解决纠纷，从而使仲裁协议失效。③当事人通过默示行为变更了纠纷解决方式，使仲裁协议失效。如双方当事人达成了仲裁协议，一方当事人向人民法院起诉而未声明有仲裁协议，人民法院受理后，对方当事人未提出异议并应诉答辩的，视为放弃仲裁协议。

（4）附期限的仲裁协议因期限届满而失效。如当事人在仲裁协议中约定，该仲裁协议在签订后的6个月内有效，如果超过了6个月的约定期限，已签订的仲裁协议失效。

需要注意的是，在上述第（1）（2）种情形下，蕴含这样的原则：仲裁协议只能"一次性使用"。但是，这种"一次性使用"是有条件的，只要符合法定情形是可以"多次使用"的。"一次性使用"，指基于同一事实而产生的相同的诉求，但如果是基于同一事实而产生的不同的诉求的话，仲裁协议仍然可以再次使用。例如，一宗建筑施工合同，发包方诉请解除合同并令对方返还预付款，仲裁庭作出裁决后，施工方又以发包方违约为由要求对方支付违约金，又提起仲裁。这种情形下，仲裁机构仍然可以根据仲裁协议予以受理。

仲裁协议之争——案件该由谁管

一、仲裁协议的独立性

我国《仲裁法》第 19 条第 1 款规定:"仲裁协议独立存在,合同的变更、解除、终止或者无效,不影响仲裁协议的效力。"

仲裁协议虽然是主合同的组成部分,但它是单独存在的,这就是仲裁协议的独立性。仲裁协议即使是以条款的形式存在于合同之中,但该仲裁条款仍然可以独立于合同之外而单独存在。仲裁协议独立原则的理论基础是当事人意思自治原则。

仲裁协议之所以能独立于主合同而单独存在,完全归因于当事人之间在订立合同时达成的将合同履行中可能发生的争议交由仲裁解决这一共同的意思表示。

仲裁协议的独立性理论或者仲裁条款自治理论,在于将一个包括仲裁协议或者仲裁条款的合同,视为由两个相对独立的合同构成的整体,其中一个为实体性质的合同,即约定当事人双方民事实体方面的权利义务等,与此相对应的是合同实体法;另一个为程序性质的合同,即形式上表现为仲裁协议或者仲裁条款,与此相对应的是合同程序法。仲裁协议的独立性理论集中到一点,就是合同未成立,或者成立以后未生效或者被撤销的,不应当影响仲裁协议或者仲裁条款的有效性。

仲裁协议的独立性不仅有理论基础,而且有明确的法律依据。根据我国《仲裁法》第 5 条关于"当事人达成仲裁协议,一方向人民法院起诉的,人民法院不予受理,但仲裁协议无效的除外"的规定,当事人之间存在着解决争议的仲裁协议,而一方当事人又将其争议提请人民法院通过诉讼解决的,人民法院应当不予受理。据此,一项有效的仲裁协议可以排除人民法院的司法管辖权。更能体现仲裁协议独立性的是《仲裁法》第 19 条第 1 款的规定。同时,我国《合同法》第 57 条也明确规定:"合同无效,被撤销或者终止的,不影响合同中独立存在的有关解决争议方法的条款的效力。"

但是,我国法律关于仲裁协议的独立性是"有限独立性"。我国《仲裁法》第 17 条规定:

"有下列情形之一的,仲裁协议无效:
(一)约定的仲裁事项超出法律规定的仲裁范围的;
(二)无民事行为能力人或者限制民事行为能力人订立的仲裁协议;
(三)一方采取胁迫手段,迫使对方订立仲裁协议的。"

上述规定中第(二)、(三)款的规定,与《合同法》第47条、第52条关于合同无效的规定相一致。

英美国家对于仲裁协议独立性原则的理解要宽泛许多,是"无限独立性"。根据英美法系法律的解释,仲裁协议只是程序性条款,并不涉及合同的实体问题,即使无民事行为能力人或者限制民事行为能力人订立的仲裁协议,或者一方采取胁迫手段,迫使对方订立的仲裁协议,仍然是有效的,合同的实体问题仍可以由仲裁机构裁处。仲裁协议自始至终独立于无效的合同之外而单独存在。

世界上绝大多数国家都承认仲裁协议的独立性原则这一原则。

联合国国际贸易法委员会《国际商事仲裁示范法》(1985年)第16条第1款对仲裁条款的独立性原则作了清楚的表述:

"仲裁庭可以对它自己的管辖权包括对仲裁协议的存在或效力的任何异议,作出裁定。为此目的,构成合同一部分的仲裁条款应视为独立于其他合同条款以外的一项协议。仲裁庭作出关于合同无效的决定,不应在法律上导致仲裁条款的无效。"

其他许多国家的法律,包括1996年英国仲裁法第7条、德国民事诉讼法第10篇(1998年仲裁立法)第1040条第1款、俄罗斯联邦国际商事仲裁示范法(1993年7月7日起生效)第16条第1款、1986年荷兰仲裁法第1053条、1987年瑞士国际私法草案第118条第3款等,对仲裁条款独立性原则都作了明确的规定。

在国际商事仲裁实践上,一些国际仲裁规则对仲裁条款的独立性,也作了明确的规定。事实上,几乎所有国际仲裁机构的仲裁规则中,都含有上述类似规定。

从世界各国仲裁立法法例、有关国际公约以及司法实践来看,仲裁条款独立于实体合同是一个普遍的规则。《纽约公约》第2条第3款亦规定:"当事人就诉讼事项订有本条所称之协定者(即仲裁协议),缔约国法院受理诉讼时应依当事人一方之请求,命当事人提交仲裁,但前述协定经法院认定无效、失效或不能行者不在此限。"我国是《纽约公约》的缔约国之一,我国《仲裁法》关于仲裁协议独立性的规定与《纽约公约》是一致的。

二、仲裁协议效力的争议

仲裁协议效力的争议，其实就是仲裁管辖权之争。

仲裁协议或仲裁条款的独立性属性，决定了仲裁协议是可以和主体合同相分离的，在实务中，只有首先认定了仲裁协议的效力才能有效审理主体合同的权利义务关系。

那么，谁来决定或认定仲裁协议的效力？对于仲裁协议的效力的认定，我国《仲裁法》第20条这样规定：

"当事人对仲裁协议的效力有异议的，可以请求仲裁委员会作出决定或者请求人民法院作出裁定。一方请求仲裁委员会作出决定，另一方请求人民法院作出裁定的，由人民法院裁定。当事人对仲裁协议的效力有异议，应当在仲裁庭首次开庭前提出。"

最高人民法院《〈仲裁法〉解释》第13条这样规定：

"当事人在仲裁庭首次开庭前没有对仲裁协议的效力提出异议，而后向人民法院申请确认仲裁协议无效的，人民法院不予受理。仲裁机构对仲裁协议的效力作出决定后，当事人向人民法院申请确认仲裁协议效力或者申请撤销仲裁机构的决定的，人民法院不予受理。"

从以上的规定，我们关于仲裁协议效力认定问题，可以得出这样的结论：

（1）双权并行的原则。也就是说，人民法院和仲裁机构均有权对仲裁协议的效力作出认定。

（2）主次有别的原则。当事人分别向人民法院和仲裁机构申请确认仲裁协议的效力时，人民法院有优先认定权。

（3）先入为主的原则。仲裁机构先于人民法院受理效力异议，并且已经对协议效力作出决定的，人民法院就不能再受理该异议申请。

（4）庭前提出的原则。当事人对仲裁协议的效力异议，必须在首次开庭前提出。这有助于确保仲裁庭的权威，也可以避免当事人滥用诉权，拖延时日，影响仲裁效率。

有学者认为，最高人民法院的《〈仲裁法〉解释》第13条的规定，实际上是确认了在一定条件下以默示方式承认仲裁协议的效力，就是说当事人只要具备仲裁合意，即便仲裁协议不明确、不完整，只要当事人在仲裁法规定的期限内未对另一方当事人申请仲裁的行为提出异议甚至参加仲裁庭审程序，则此类仲裁协议因当事人以默示的方式达成一致而有效。

三、几宗仲裁协议效力争议的案例

如同司法管辖权争议一样,仲裁协议效力的争议也是双方当事人争议的内容之一,双方当事人从有利于自己的利益出发,对仲裁协议效力提出不同的主张。实践中,由于合同仲裁条款的约定千差万别,当事人以及法院、仲裁机构对于条款理解不一样,有的案件经过几次反复较量直至最后由最高人民法院认定最终的管辖权。下面几宗案例,凸显了仲裁协议效力认定的复杂性。

(一)仅约定某一特定地点的仲裁委员会

由于各种原因,缔约双方在合同中往往不载明具体的仲裁机构名称,而是仅表述某一特定地的仲裁机构,例如:"发生争议由项目所在地的仲裁委员会仲裁"。如果这里所说的"项目所在地"和"仲裁委员会"都具有唯一性的话,那么,这个仲裁协议是有效的,协议指向的仲裁委员会具有管辖权。反之,则无效。最高人民法院在《关于河北省高级人民法院〈关于石家庄东方城市广场有限公司与香港拓能有限公司管辖异议一案的请示〉的答复》(法经〔1998〕287号)中这样规定:

"本案双方当事人在租赁经营合同中约定:租赁双方因执行本合同发生争议……任何一方均可向甲方(石家庄东方城市广场有限公司)所在地仲裁机关申请仲裁。该合同中虽未写明仲裁委员会的名称,仅约定仲裁机构为"甲方所在地仲裁机关",但鉴于在当地只有一个仲裁委员会,即石家庄仲裁委员会,故该约定应认定是明确的,该仲裁条款合法有效。当事人因履行该合同发生纠纷,应提交仲裁解决,人民法院对本案不享有管辖权。"

通过以上案例,最高人民法院确立了仲裁机构认定的"唯一性"原则。后来,最高法院的《〈仲裁法〉解释》把这一原则制度化。《〈仲裁法〉解释》第6条规定:"仲裁协议约定由某地的仲裁机构仲裁且该地仅有一个仲裁机构的,该仲裁机构视为约定的仲裁机构。该地有两个以上仲裁机构的,当事人可以协议选择其中的一个仲裁机构申请仲裁;当事人不能就仲裁机构选择达成一致的,仲裁协议无效。"

在合同中有类似约定的还有甲方所在地、乙方所在地、合同签订地、履行地、标的物所在地、需方所在地、供方所在地等,如果符合以上"唯一性"的认定原则,那么该仲裁协议就有效。

如果仲裁协议约定的某一特定地点,指向两个或两个以上的仲裁委员会,那么该约定就是无效的。例如,在"中化国际石油(巴哈马)有限公司诉海南昌盛石油开发有限公司购销合同纠纷案"中,合同约定"争议提交中国相关的国际贸易仲裁机构仲裁"。海南省高级人民法院就该约定的效力问题请示最高人民法院。最高人民法院在其复函（〔2000〕交他字第 14 号）中指出：

"根据国务院 1996 年 6 月 8 日《关于贯彻实施〈中华人民共和国仲裁法〉需要明确的几个问题的通知》的规定，仲裁机构重新组建以后，中国国际经济贸易仲裁委员会不是中国唯一的国际贸易仲裁机构，新组建的仲裁委员会也可以受理涉外仲裁案件。因此，合同中"中国相关的国际贸易仲裁机构"不能推定为就是中国国际经济贸易仲裁委员会。鉴于本案当事人对仲裁机构的约定不明确，而一方当事人已起诉至有关人民法院，表明双方当事人已不可能就仲裁机构达成补充协议，依照仲裁法第 18 条的规定，应认定本案仲裁条款无效。"

当然，我们不能简单地认为，凡是约定了两个以上仲裁机构的仲裁条款都无效。这需要具体问题具体分析，如果符合"唯一性"原则的话，仍是有效的。在"深圳市粮食集团有限公司诉来宝资源有限公司（新加坡）买卖合同纠纷案"中，双方当事人在主合同中约定："由合同履行引起的争议，任何一方可提交仲裁，如果被告是买方，争议提交香港国际仲裁中心；如果被告是卖方，争议提交给伦敦谷物与饲料贸易协会仲裁。由合同引起的争议均按照英国法解决。"最高人民法院在"民四他字〔2010〕第 22 号"复函中认为：

"当事人在主合同中签订的仲裁协议虽然涉及两个仲裁机构，但从其具体表述看，无论是买方还是卖方申请仲裁，其指向的仲裁机构均是明确的且只有一个，仲裁协议应认定有效。对于因主合同产生的纠纷，深圳市粮食集团有限公司应依据约定的仲裁协议通过仲裁方式解决，人民法院无管辖权。"

（二）或诉或仲条款的争议

当事人在仲裁协议中约定发生纠纷后既可诉诸法院又可申请仲裁的情况屡见不鲜。按照通常理解，由于仲裁协议未能排除法院管辖权，无法确定当事人有明确而肯定的仲裁意思表示，因此，此类仲裁协议在司法实践中往往被认定无效。最高人民法院《〈仲裁法〉解释》第 7 条规定，此类仲裁协议无效。

而有学者认为，在这种情况下，不应该一律判定仲裁协议无效，而应该分析当事人对仲裁机构或人民法院合意的"明确性"后，再判断仲裁协议效力。例如，争议解决条款约定仲裁机构很明确，但同时又笼统约定"向人民法院提起诉讼"，此种情况下，应理解为对仲裁的约定是明确的，而对法院的约定是不明确的，所以仲裁协议有效。济南中级人民法院（2016）鲁 01 民特 27 号裁定书就持此观点。该案的主要案情如下：

申请人赵光顺与被申请人济南市历城区马屯村民委员会（以下简称马屯村委会）申请确认仲裁协议效力一案，向济南中院提起诉讼。

2003 年 8 月，申请人赵光顺所在的济南某泰建设工程公司，与被申请人马屯村委会签订了《建设工程施工合同》。该合同约定在履行合同过程中产生争议，

"向济南仲裁委员会提请仲裁或向人民法院提起诉讼"。赵光顺认为上述建设工程合同中对纠纷处理明确约定向济南仲裁委员会仲裁,请求确认上述仲裁条款有效。被申请人马屯村委会辩称,在《建设工程施工合同》争议解决方式有两种,一是仲裁,二是法院起诉,即同时约定了向济南仲裁委员会提请仲裁或向人民法院提起诉讼,属于约定管辖不明,并未排除法院管辖。

济南中院认为,上述约定中,约定的仲裁机构为济南仲裁委员会,其对于仲裁机构的约定,明确、具体且唯一;而其对于人民法院的约定,因未载明具体、明确的管辖法院,约定不明而无效。故涉案当事人的仲裁意思明确且仲裁机构唯一,其签订合同中的仲裁条款应为有效。于是裁定由济南仲裁委员会仲裁。

根据最高人民法院《〈仲裁法〉解释》第7条规定:"当事人约定争议可以向仲裁机构申请仲裁也可以向人民法院起诉的,仲裁协议无效。但一方向仲裁机构申请仲裁,另一方未在仲裁法第二十条第二款规定期间内提出异议的除外。"据此,除非当事人放弃异议,一旦某争议解决条款构成或裁或审条款,则其中的仲裁条款无效。在上述"济南案"中,当事人关于仲裁的约定具体、明确,但关于诉讼管辖的约定中却没有明确具体的管辖法院,因此,本案中的争议解决条款不属于或裁或审条款,当然也就无法适用《〈仲裁法〉解释》第7条的规定。从"提高效率、节省资源、快速解决纠纷"的理念来考量,济南中院的裁定值得肯定。

(三)没及时提出仲裁管辖权异议有什么后果?

上文提到,我国仲裁法规定,当事人对仲裁协议效力有异议,应当在仲裁庭首次开庭前提出。最高人民法院《〈仲裁法〉解释》进一步规定:"当事人在仲裁庭首次开庭前没有对仲裁协议的效力提出异议,而后向人民法院申请确认仲裁协议无效的,人民法院不予受理。"在实践中,当事人直至仲裁庭开庭后甚至迟至仲裁裁决作出后才主张仲裁协议无效或申请撤销仲裁裁决的情形司空见惯,对这种迟到的申请如何处理?以下是两个典型案例。

案例一

仲裁双方:申请人为广州建筑置业公司,被申请人为广州中置房地产发展有限公司。双方之前签订了《华尔街金融广场地下室维护桩、工程桩承包合同》及补充合同,合同约定争议提交广州仲裁委员会仲裁。后来双方又签订了一份《退场补充协议》,该补充协议没重新约定争议解决条款。广州仲裁委在审理此案中直至作出裁决,双方当事人均没提出管辖权异议。但作出裁决后,被申请人向广州中院申请撤销仲裁裁决,理由是:补充协议没约定仲裁协议,广州仲裁委没管辖权。

广州中院审理后裁定驳回当事人的撤裁请求(见[2004]穗中法仲审字第3号裁定书),其理由有两个:一是补充协议是对原来权利义务关系的补充,原仲裁协议有效；二是当事人没在首次开庭前提出管辖异议。

案例二

仲裁双方：申请人为鱼谷由佳（旅日华侨），被申请人一为清华同方股份有限公司、被申请人二为清华同方光盘股份有限公司。

1999年3月，清华同方股份有限公司、清华大学光盘国家工程研究中心与鱼谷由佳三方签订《赠予及相关领域合作合同》，约定：三方在中国信息数字化、集约化领域开展多种形式的合作。合同约定："本合同履行过程中发生争议，二方应通过友好协商解决。协商不成，任何一方可提交中国国际贸易经济仲裁委员会按照该会的《仲裁规则》进行仲裁解决。仲裁裁决是终局的，对各方具有约束力。"

清华大学光盘国家工程研究中心是隶属于清华大学的一所非法人性质的科研机构。

1999年7月，清华大学、清华同方股份有限公司、北京印刷学院、北京电影学院、中国音像协会五发起人共同投资，成立清华同方光盘股份有限公司。清华同方光盘股份有限公司注册资本1亿元，其中包含了清华大学光盘国家工程研究中心的财产和技术。

争议发生后，2001年2月，鱼谷由佳以清华同方股份有限公司、清华同方光盘股份有限公司为被申请人，向中国国际经济贸易仲裁委员会申请仲裁。仲裁请求为：撤销对两被申请人的赠予，由被申请人返还财产，赔偿损失。

仲裁庭两次开庭审理。期间，两被申请人均出庭答辩，并均未对仲裁庭的管辖权提出异议。2003年3月，仲裁庭作出裁决，基本支持了申请人的主张。

后来，清华同方股份有限公司、清华同方光盘股份有限公司向北京市高级人民法院申请撤销仲裁裁决。其共同的理由是，裁决对事实认定不清和存在超裁问题。法院审查后认为，该问题不属于法院审查范围，法院当然不会支持当事人的撤裁请求。但同时，清华同方光盘股份有限公司还单独提出了撤裁的理由：清华同方光盘股份有限公司与对方当事人不存在仲裁协议，仲裁机构没管辖权。

我们孤立地从仲裁协议来看，确实清华同方光盘股份有限公司与申请人鱼谷由佳不存在仲裁协议。三方签协议时，清华同方光盘股份有限公司还没成立。对此，最高人民法院在给北京市高级人民法院的答复中这样说的：

"本案中，清华同方光盘股份有限公司并非《赠予及相关领域合作合同》的当事人，《赠予及相关领域合作合同》中的仲裁条款对其并不当然产生约束力。但鱼谷由佳基于清华同方光盘股份有限公司承继了《赠予及相关领域合作合同》中的当事人清华大学光盘国家工程研究中心的权利义务，以清华同方光盘股份有限公司为被申请人提起仲裁，清华同方光盘股份有限公司作为当事人参加了仲裁，进行了实体答辩，且至仲裁庭最终作出仲裁裁决，其未就管辖权问题提出异议。根据上述事实以及《中国国际经济贸易仲裁委员会仲裁规则》第六条、第七条、第五十一条的规定，同时为了维护经济秩序稳定，减少当事人不必要的讼累，应该认定清华同方光盘股份有限公司接受了仲裁庭对本案的管辖，且其已丧失了再对仲裁庭管辖权提出异议的权利。"

  从以上案例，我们可以看出，最高人民法院《〈仲裁法〉解释》采纳了仲裁协议和仲裁裁决异议权的默示放弃制度。依据该条规定，即使仲裁协议本身确实存在效力瑕疵，但如果当事人在仲裁庭首次开庭前未对仲裁协议的效力提出异议，则应视为当事人已以默示方式放弃了对仲裁协议效力提出异议的权利。

  从以上案例，我们还可以看出，仲裁协议的效力认定异常复杂，受制于多重因素。为统一认定标准，确保法律权威，在 2017 年 12 月，最高人民法院发布《关于仲裁司法审查案件报核问题的有关规定》，对仲裁协议的效力认定的权限，作了明确规定：涉外仲裁案件的仲裁协议的效力认定，由最高法院核准；国内仲裁案件的仲裁协议的效力认定，由高级法院核准。

仲裁程序中应注意的问题

仲裁作为处理民商事纠纷的一种方式,其程序与诉讼相比较,有相同之处也有不同之处。诉讼的所有程序都是法定的,而仲裁的很多程序当事人可以共同商定或选定。

仲裁程序是一项法律性很强的工作,仲裁程序的瑕疵极有可能导致整个仲裁案件的违法,甚至被法院撤销或不予执行。司法对仲裁的监督主要体现在程序方面。

一、仲裁审理程序的九个阶段

根据仲裁法对仲裁程序的有关规定,仲裁审理一般应经过以下阶段:案件受理、通知双方、依法组庭、开庭准备、庭审开始、庭审调查、庭审辩论、调解、评议与裁决。

(一)案件受理

审查当事人的仲裁申请,认为符合条件的予以受理。

双方当事人如果订立了仲裁条款,就可以把争议提交仲裁委员会审理。仲裁委接到当事人的立案申请后,主要审查几样材料:一是申请书,审查其仲裁请求和主要事实依据和理由;二是仲裁协议,即仲裁条款;三是双方当事人的身份证明材料;四是有关的证据材料,如合同、单据等。

立案受理阶段的审查,主要是形式审查,开庭后审理才进入实质性审查。有些案件虽然已经受理了,但后来进入仲裁庭的实质审查阶段,仲裁庭认为不符合受理条件的,仍然可以驳回申请。

(二)通知双方

仲裁委决定立案受理后,一方面向申请人发出受理通知书,另一方面向被申请人发出仲裁通知书,明确告知当事人适用何种仲裁程序。同时,仲裁委还要把一方当事人的仲裁申请及有关材料,如实发送给另一方当事人,确保另一方当事人充分行使知情权和申辩权、陈述权。

接到仲裁通知后,被申请人应在规定的期限内提出答辩,也可以再提出反请求。反请求应当满足以下两个条件：

（1）与申请人之间的争议存在相同的合同关系；

（2）反请求的相对方仅限于申请人。

反请求可能涉及仲裁收费问题，仲裁庭应该提醒当事人依照仲裁规则交费后才能受理，否则视为没提出反请求。

对反请求，是合并审理还是另案审理？仲裁委或仲裁庭有权决定，在组庭前由仲裁委决定，组庭后由仲裁庭决定。一般是合并审理，更能体现案件的全面性，也更能提高效率，节约成本。

（三）依法组庭

选定仲裁员是当事人的重要权利之一，这也是仲裁区别于法院的重要特征。仲裁委受理案件后，要及时通知当事人选定仲裁员，确保当事人在组庭中落实其意思自治原则。我国的仲裁机构大多数规定，在受理通知送达当事人之日起15天内选定仲裁员，也有一些仲裁规则要求当事人10天内选定仲裁员的。上述期限届满后，当事人还没选定仲裁员的话，就意味着当事人放弃了选定仲裁员的权利，就由仲裁委指定了。

仲裁规则规定，当事人双方还可以共同选定首席仲裁员。但实践中，双方共同选定首席仲裁员的案例少之又少，因为发生争议后，双方能达成共识的事情是很少的。所以，实际工作中，首席仲裁员基本是由仲裁委主任指定的。

确定了仲裁员后，组庭工作结束，应该把仲裁庭名单尽快发送双方当事人，当事人还可以行使要求仲裁员回避的权利。同时，仲裁庭应研究确定开庭时间，准备开庭了。

（四）开庭准备

开庭前应做好如下准备工作：

（1）告知当事人开庭审理的日期与地点。在实践中，如果当事人在仲裁协议中有约定的，应在双方当事人约定的地点进行开庭；如果双方当事人对开庭审理的地点未作出明确约定的，一般确定在仲裁委员会所在地进行开庭。

（2）对于公开审理的案件，还应当发出公开开庭审理的公告。

（3）开庭通知。仲裁庭组成后，仲裁委员会的办案秘书应与仲裁庭协商开庭审理的日期，然后按照仲裁规则规定的形式和时间限制，将开庭时间及开庭事项书面通知双方当事人。实践中，开庭通知和组庭通知基本同时发出。

注意，第一次发送开庭通知必须采用书面形式，而且必须提前若干天发出，具体提前的天数根据具体适用的仲裁程序而定，一般程序是10天，简易程序是5天，涉外程序更长一点。必须严格按规则办事。

（五）庭审开始

开庭开始。在开庭开始阶段，应当注意做好以下几项工作：

(1) 由首席仲裁员宣布案由。
(2) 核对双方当当事人的到庭情况、代理权限。
(3) 宣布仲裁庭的组成人员和记录人员名单，告知双方当事人有关的权利与义务，并询问双方当事人是否对仲裁庭的组成人员申请回避。
(4) 由首席仲裁员宣布正式开庭。

（六）庭审调查

1. 开庭审理

案件一般应当开庭审理。若经各方当事人同意，或者根据仲裁规则适用简易程序的案件，仲裁庭可以只依据书面文件进行审理并作出仲裁裁决。

开庭审理不公开进行，各参与人具有保密的义务，这也是仲裁与诉讼区别的一大特点。不公开审理的案件，任何人均不应透露案件实体和程序进行的情况，案外人未经仲裁庭允许不能旁听。

若各方当事人均要求公开审理的，仲裁庭应当公开审理。

各方当事人应委派代表参加开庭审理。若一方当事人不出席开庭，仲裁庭可缺席审理并作出缺席裁决。

2. 庭审调查阶段

庭审调查阶段通常应当按照下列顺序进行：
(1) 当事人陈述。
(2) 出示书证、物证和视听资料。
(3) 证人作证。
(4) 宣读鉴定结论。如果鉴定人亲自出庭的，经过仲裁庭许可后，当事人及其代理人可以向鉴定人发问。
(5) 宣读勘验笔录。仲裁庭可要求勘验人出庭作说明。
(6) 争议焦点。经过庭审调查，仲裁庭应该归纳出若干个争议焦点。仲裁庭应该对争议焦点进行进一步的调查，并引导双方围绕焦点进行辩论。

需要注意的是，证人、鉴定人、勘验人只有在庭审进行到与自己相关的环节时，才允许出庭，不能参与庭审其他环节的旁听。

（七）庭审辩论

庭审辩论是在审理过程中，双方当事人围绕争议事实能否认定、是否实施了违约行为、是否应负违约责任、应负什么样的违约责任等问题，对证据和案件情况发表各自意见，相互进行辩论和发问，在仲裁庭调查和各方充分发表自己对整个案件事实、情节、每个证据的证明力等的意见的基础上，对双方争论的焦点问题，作进一步的辩论。当事人和代理人要求发表辩论意见时，应举手申请，征得仲裁庭同意后，方可发言。在庭审中，双方展开辩论的机会是均等的。如果当事人发表辩论的意见与前面的陈述意见相同，仲裁庭应提醒当事人不必重复。

在辩论结束前，仲裁庭应征求各方是否还有新意见，在各方表示没有新的意见后，首席仲裁员应宣布辩论终结。仲裁庭宣布辩论终结后，当事人有最后陈述的权利。如果在辩论中发现证据有疑问，合议庭可宣布休庭，决定延期审理，进行调查核实证据。

当事人作了最后陈述后，仲裁庭应该询问当事人是否愿意调解。

（八）调解

在仲裁过程中，当事人可以自行和解，也可以请求仲裁庭主持调解；仲裁庭征得双方同意后，也可以主动对案件进行调解。

若调解成功，仲裁庭则根据和解协议作出裁决书或调解书，双方也可以撤案。若调解不成功，任何一方均不得在其后的仲裁程序、司法程序和其他任何程序中援引对方当事人或仲裁庭在调解程序过程中发表过的、提出过的、承认过的以及愿意接受过的或否定过的任何陈述、意见、建议，作为事后其请求、答辩、反请求的依据。

为稳妥起见，调解过程是不允许语音录像的，包括仲裁机构本身也应该关闭语音录像。

（九）评议与裁决

评议也称合议，是仲裁庭的闭门会议，是仲裁员针对案件发表自己的意见，并最终形成结论或裁决。裁决应当按照多数仲裁员的意见作出，少数仲裁员的不同意见可以记入笔录。仲裁庭不能形成多数意见时，裁决应当按照首席仲裁员的意见作出。与诉讼文书不同，不同意见的仲裁员可以不签名。

裁决及其效力。裁决一经作出即发生法律效力，这与法院的裁判文书不一样。裁决是终局的，对双方当事人均有约束力。任何一方当事人均不得向法院起诉，也不得向其他任何机构提出变更仲裁裁决的请求。

二、仲裁庭审中的突发情况

仲裁作为一种独立的非政府的民间性的争议解决方式，庭审中没有法警帮助维持庭审秩序。所以，庭审中如果遇到一些突发情况时，就需要仲裁员因地制宜地依法依规去妥善处理，以保障仲裁庭审活动的顺利进行。这对仲裁庭的驾驭能力是一个考验。

根据实践经验，庭审中的突发情况主要有如下情形。

（一）当庭要求更换仲裁员

仲裁规则规定，当事人有权要求仲裁员回避，或者双方一致要求更换仲裁员。这体现了仲裁对当事人意愿的尊重。比较尴尬的是，在庭审开始后，当事人突然提出仲裁员回避，或者双方一致要求更换仲裁员。由于此问题涉及仲裁程序的合法与否，因此，仲裁庭应当先行休庭，马上把当事人提出的回避事项和理由报告给仲裁委员会秘书长和主任，请主任决定。有一些仲裁案件可能会开两次甚至多次庭。当事人在再次开庭时也有可能会要求仲裁员回避。有些被法院要求重新审理的案件，也会出现当事人提出之前仲裁庭的某位仲裁员回避的情况，甚至出现当事人要求自己选定的仲裁员回避的情况。针对这些情况，依照仲裁规则和我们通常的做法都应当先行休庭，报告仲裁庭委员会主任或秘书长，严格按照仲裁规则处理。

是否同意当事人的要求——更换仲裁员，仲裁委考虑的因素是：仲裁规则的规定，仲裁员的行为是否有失公允，当事人的要求是否是其真实想法或者情绪对抗所致。无论仲裁委最后做了怎么样的决定，仲裁员都应该本着公平、中立、勤勉的原则，做好善后工作。

曾经有一位经验丰富的仲裁员，被仲裁庭委员会主任指定担任案件的首席仲裁员。在开庭前，双方当事人分别提出了延期开庭，但都被仲裁庭以理由不充分为由驳回。双方均有意见，对仲裁庭形成抵触情绪。首席仲裁员一宣布开庭，申请人又旧话重提，质问为何不延期。仲裁庭对此作了解释，但申请人不服，马上要求更换首席仲裁员，并且当庭询问对方当事人的意见。对方当事人马上表示同意更换。《仲裁规则》里有规定，当事人一致同意的话，可以要求更换仲裁员。仲裁庭休庭后，办案秘书马上请示主任。主任经过研究后，发现当事人均为一般代理人，没有挑选或者更换仲裁员的特别授权，于是驳回了当事人的申请。这是从严格依法依规，保证仲裁案件程序不出现任何问题的方面去考虑而采取的正常做法。

（二）突袭式举证

在首次开庭前，仲裁举证时限与答辩的时限基本是一致的，仲裁委会通知双方当事人举证时限。但一些当事人或其代理人喜欢采取突袭式举证：有些当事人在规定时间内没能提交完全部的证据，而在开庭时向仲裁庭提交了大量的证据，使得仲裁庭和对方当事人措手不及，当庭根本无法质证。实际上，这种突袭方式是达不到当事人的预想后果的，这是因为：第一，仲裁员对证据要有一个消化过程；第二，仲裁员会给予对方当事人对证据的质证时间；第三，仲裁庭基本不会当场作出裁决。所以，突袭式举证实不可取。

严格来讲，突袭式举证实属于逾期举证。针对此种情况，仲裁规则规定，仲裁庭可以决定接受或不接受逾期举证。一般来说，由于仲裁一裁终局，当事人如果因没有当庭出示完证据，而承担败诉的法律后果，又没有其他救济手段和渠道弥补，这对当事人来讲是不公平的。因此，为了查明案情，如果逾期不是很过分，一般情况下仲裁庭会接受当事人的逾期举证，但应该给予对方当事人合理的质证时间。有必要的，可以另定开庭时间。与此类似的，关于当事人当庭提出变更仲裁请求或当庭提出反请求的情况，仲裁庭也应该根据公平合理的原则，按照仲裁规则的规定作出公平的处理，如果接受变更仲裁请求，就应该询问对方当事人是否答辩，并且酌情给予合理的答辩期。

（三）群体性骚扰

在商事仲裁领域，出现群体性骚扰概率较多的领域主要是商品房买卖合同纠纷、物业费纠纷、建筑工程合同纠纷、装修工程纠纷、旅游赔偿纠纷、医疗赔偿纠纷等案件，涉及多名利益主体的权益问题，开庭时当事人会来许多人，造成人数众多的一方当事人吵闹围攻另一方当事人。曾经有一起施工合同的纠纷案件，发包方拒绝结算，导致施工单位无法发放工资，就曾出现十多个工人一起到仲裁委吵闹，仲裁庭无法正常进行审理。针对此类情况，仲裁庭应休庭，保护另一方当事人安全离开，与吵闹一方的代表或律师沟通，择日再开庭。此外，对这一类案件应事先考虑选择不同的时间开庭，尽量避免集中开庭。或者按照仲裁审理不公开的原则，减少或不允许旁听人员参加庭审。

另一种突发情况，就是庭审时出现当事人双方矛盾激化，出现激烈争吵，甚至相互攻击、摔打物品等情况。仲裁员应该马上中止审理休庭，隔离当事人，或者择日再审。

面对庭审时出现和遇到突发情况时，作为仲裁员应该在仲裁委的指导和帮助下，冷静、果断地依法依规进行处理。通过庭审实践，不断地提高自己驾驭庭审的能力。当然，仲裁员应该要用"中立、平等、透明、公正、文明"的理念去进行仲裁案件的庭审活动。同时，主持庭审也需要较好的语言表达，使用中立性的语言，避免出现偏袒性的语言，灵活地对问题进行综合归纳。

（四）杜绝仲裁程序错误

仲裁程序的各个环节看起来很机械、呆板、繁琐。但这种机械、呆板、繁琐，无一不渗透着法律的刚性要求，违反了这些刚性要求，意味着仲裁结果的无效，法院对仲裁的监督主要体现在程序方面，法院会根据当事人的请求撤销裁决或不予执行。

下面的案例展示了因为出现仲裁程序错误而被撤销的情况。

该案件的当事人分别为，申请人广州某首饰公司，被申请人杨志红，仲裁机构是广州仲裁委。仲裁委立案时，争议金额不超过20万，仲裁委决定适用简易程序。但审理过程中，申请人增加了仲裁请求，致使裁决时争议金额超过20万元。被申请人以适用程序错误为由，向人民法院申请撤销裁决。该案件的另一处瑕疵在于，仲裁庭没有把申请人的其中一项仲裁请求告知对方当事人。最后，最高人民法院批复同意撤销裁决。最高人民法院的批复意见如下：

广东省高级人民法院：

你院（2007）粤高法民四他字第22号《关于杨志红申请撤销广州仲裁委员会涉港仲裁裁决一案的请示》收悉。

经研究认为，本案属于申请撤销内地仲裁机构作出的涉港仲裁裁决案件，应参照《中华人民共和国仲裁法》第七十条和《中华人民共和国民事诉讼法》第二百五十八条的规定进行审查。

根据你院请示报告及所附卷宗反映的情况，《广州仲裁委员会仲裁规则》第八章"简易程序"在第九十七条规定："除当事人另有约定外，凡是争议金额不超过人民币20万元的仲裁案件，适用本章规定；争议金额在20万元以上，双方当事人书面同意的，也可以适用本章规定。"而广州仲裁委员会裁决杨志红向首饰公司返购的黄金价值超过了20万元，且当事人没有书面意见同意仲裁委员会适用简易程序。在此情况下，广州仲裁委员会适用简易程序审理本案，属于《中华人民共和国民事诉讼法》第二百五十八条第一款第三项所指的"仲裁庭的组成或者仲裁程序与仲裁规则不符的"情形。

此外，首饰公司2004年5月25日向仲裁庭提交的《明确仲裁请求申请书》中，有"由首饰公司向杨志红返购库存黄金"的请求。但仲裁庭5月31日送达杨志红的《明确仲裁请求申请书》中却未载有该项内容，仲裁庭的开庭笔录中也没有上述明确仲裁请求的记载。仲裁庭在未将该项仲裁请求告知杨志红的情况下，裁决支持该仲裁请求，导致杨志红未能就该请求陈述意见，属于《中华人民共和国民事诉讼法》第二百五十八条第一款第（二）项所指的被申请人由于"不属于被申请人负责的原因未能陈述意见的"情形。

综上，广州仲裁委员会作出的（2003）穗仲案字第2671号仲裁裁决应予撤销。

做个合格的仲裁员

仲裁的权力来源是基于当事人的授权,当事人为什么选择仲裁?为什么指定该仲裁员?就是因为当事人对仲裁机构和仲裁员的"信赖"。

信赖,在人与人之间的社会关系中是一种社会评价,按著名美国社会心理学家马斯洛的观点,这是较高层次的评价,是高于金钱与物质层次的荣誉。对仲裁员的信赖,既包括专业知识方面的信赖,也包括人品、人格和职业操守方面的信赖。

曾任英国仲裁协会主席的哈特威尔说过:"在国际商事领域中,没有什么荣誉会高于你被专业同事们或商业伙伴们选作仲裁员,去处理他们之间的争议,作出他们无法作出的决定。"仲裁员,必定是在法律专业或其他专业领域有一定的专业知识与技能的人,可以说都是得到仲裁委员会认可的专业人士。对于仲裁员的任职条件,我国《仲裁法》第13条作了规定。这些规定,归纳起来,最重要的是两条,一是品行方面的要求,就是品行正派;二是专业知识的要求,就是法律、经贸领域的专家。

世界上大多数仲裁机构不设立专职的仲裁员。国务院在《重新组建仲裁机构方案》中明确规定,不设立专职仲裁员。仲裁员与法官不一样,法官是职业化、专业化的,仲裁员是非职业化的。仲裁员来自不同的机构和部门,是专家、学者。法官的职业是固定的,法官所在的法院对其有一套严格的要求,其工作关系、人身关系与所在法院密不可分。而仲裁员只相当于专家库成员的角色,与仲裁机构没有劳动合同关系,不是仲裁机构的固定工作人员,其工作关系、人身关系与仲裁机构不那么密切。

仲裁员的裁判理念与法官也不一样。在裁判案件时,"合法性"是法官衡量案件的唯一标准,而仲裁员衡量案件时,除了考虑"合法性"以外,还要考虑"公平性"。所以说,仲裁员有更大的自由裁量权。仲裁员的这些属性要求仲裁员必须有较高的自律性。

一、仲裁员必须找准自己的角色定位

仲裁,就是居中作出裁决。在调处当事人的纠纷过程中,仲裁员必须处于不偏不倚的中立地位，这是做出公平裁决的前提。

一些仲裁员来源于律师队伍。这就更加要注意角色转换的问题。仲裁员与律师是两种不同的职业。大部分律师都是"收人钱财，替人消灾"，作为当事人的代理人，其职责是为当事人提供优质高效的法律服务。律师长期的职业习惯，是站在委托人的角度，最大限度地维护委托人的合法权益。律师担任了仲裁员后，稍不留神就很容易将这些职业习惯带到仲裁中来。

例如，在一个仲裁案件中，业主与被施工方因为装修工程发生纠纷，双方均委托代理人开庭，代理人都是普通公民。合议时，有一位律师出身的仲裁员提出：该代理是否有效？因为诉讼中公民代理都有一套严格的规定，如无犯罪证明等。这位仲裁员其实犯了一个错误，就是定向思维，把诉讼的制度搬到仲裁中来，仲裁是基于当事人的信赖而产生的，多数仲裁规则对于仲裁代理人的条件是没有特别规定的，一般来讲，具备完全民事行为能力即可担任代理人。

仲裁员必须居于超然的中立地位，不能仅仅站在一方当事人的角度来看问题。不是因为当事人选定你为仲裁员，仲裁员就像律师作为代理人那样体现委托人的意愿。如果以一个代理人的角度办理仲裁案件，就难免有失偏颇，难以客观公正地仲裁，从而失去仲裁员居中仲裁的本质。

二、仲裁员必须熟悉办案程序

办案程序集中体现在仲裁规则之中。仲裁规则是仲裁工作的指南。仲裁员办理案件，就是把仲裁规则运用到具体案件之中去，因而熟悉仲裁规则是有效组织仲裁活动、准确认定事实与公正裁量的前提。

广义上讲，仲裁规则属于程序法范畴。一般而言，案件的日常程序性工作是由仲裁秘书完成。但组庭后，在仲裁过程中出现的程序性问题有时须由仲裁庭作出决定。如果仲裁员不熟悉规则，就很难保证案件高效有序地推进。

例如，在一个仲裁案件中，仲裁庭首次开庭后，申请人又补交了证据，办案秘书如实将证据发送被申请人，要求被申请人提出质证意见。而对于质证期间多少天才合适，首席仲裁员认为应该是15天，两个边裁则认为应该是7~10天，因为仲裁规则对此有规定。这也看出首席仲裁员对规则不熟悉。

另外，仲裁员尤其注意仲裁规则关于回避和替换的情形。如果当事人曾经向仲裁员咨询过某一案件的案情，仲裁员就应该主动谢绝当事人选定为该案的仲裁员。仲裁法与各仲裁规则都规定，仲裁员是不能就案件私下与当事人接触的，否则，裁决的公正性受到质疑。而且，也会成为法院撤裁或者不予执行的理由。

三、理性处理与当事人之间的关系

关于仲裁员与仲裁当事人之间的法律关系，国际上仲裁学者大多从合同法理论入手，并借助代理理论完成模型的构建，认为仲裁员与仲裁当事人之间是一种合同关系，也说是一种信任关系。

仲裁员对这种信任关系最大的回报，就是保持中立、公正，平等地善待争议双方当事人，不可先入为主，厚此薄彼，更不可徇私偏袒某一方当事人。仲裁员尤其是首席仲裁员或独任仲裁员的权力很大，且仲裁是一裁终局。一旦出现不公正或错误，纠正的渠道很少。所以说仲裁庭务必要中立和公正。

个别新任的仲裁员可能会认为，当事人选定了我，就要为当事人服务，为当事人说话。对于一方当事人的瑕疵，故意漠视；对于另一方当事人的瑕疵，却选择放大。仲裁员这种心态的核心，其实就是混淆了仲裁员与代理人的关系。代理人的职责是忠实地贯彻落实当事人的意图。仲裁员的职责也会体现当事人的意愿，但这个意愿仅仅是化解纠纷的意愿。而化解纠纷所遵循的原则必须是法律和公平原则。仲裁员没义务把当事人的意图一五一十地落实好。

通常，办案秘书会告知仲裁员是哪一方选定的。作为仲裁庭的一员，无论是哪一方选定自己的，都应该坚持独立性、中立性、公正性。都应该把自己当成仲裁庭的成员，而不是把自己看成是选定一方的代言人、代理人。仲裁员处理好与选定一方的当事人的关系时，主要体现三个时间段：

一是选定仲裁员前。仲裁的初衷是，商人们把纠纷交给自己熟悉的仲裁员作出一个公平的裁决。中国是个熟人社会，当事人更希望找自己熟悉的仲裁员来处理纠纷，当事人会预先咨询一下相熟的仲裁员的意见，然后又想当然地选定该仲裁员。这个时候，仲裁员应该告知当事人这是违反仲裁规则的，而且仲裁员应该主动回避。

二是在开庭过程中。庭审时，作为仲裁员，如果感到选定自己一方的当事人的观点不准确、不适当、不完善，或者，对方发表的意见对选定自己一方不利时，就暗示或者提醒选定自己一方的当事人；或者，有意针对对方当事人提出一些选定自己一方当事人未能想到、甚至刁钻的问题。这样的做法就属于明显的不中立，不公正，不平等。在仲裁庭上，仲裁员的举动，关乎双方当事人的利益，双方都较敏感，所以需慎言，不能发表任何偏袒性的语言，以避免引起对方不必要的误会或对立情绪。

三是在合议时。在仲裁庭合议案件时，个别仲裁员不论选定自己一方的当事人是否有理，证据是否合法充分，一味坚持维护选定自己一方当事人的利益，而视法律和案件事实及证据于不顾。这样做，既损害了仲裁员的个人形象，也损害了仲裁委的集体形象，必须引以为戒。有律师经历的仲裁员，在这一点上可能表现得较为明显，这是职业习惯使然，必须克服这个思维习惯，忠于事实，忠于法律，秉持公正之心。

四、求同存异的仲裁员关系

仲裁庭与法院合议庭的明显区别在于，仲裁庭的组成大部分是由当事人选定的，或者由仲裁委主任指定首席仲裁员，由当事人分别选定两个边裁仲裁员，情况不是固定的。而法院的合议庭人员一般都是相对固定的。仲裁庭的组成人员绝大多数来自不同的单位，而合议庭人员都是同一法院的，审判长大多由庭长、副庭长甚至副院长担任。

这些特点表现在合议案件时，法院审判庭相对而言能较好地形成统一意见。而仲裁庭的民主气氛更浓，仲裁员能不受拘束地发表个人对案件的看法和意见。在多数情况下，仲裁庭都能形成一致的意见，但是也存在两个边裁各执一词，意见相左的情况。这时，按照仲裁规则，首席仲裁员的意见就尤为关键。所以，首席仲裁员本人的中立性和公正性就显得至关重要。

在仲裁实践中，首席仲裁员多数是由仲裁委主任指定的，双方当事人共同选定的很少。仲裁委在指定首席仲裁员时都会很慎重，既要考虑案件的专业情况，也要考虑仲裁员的业务能力、办案风格和驾驭庭审的能力。许多仲裁机构都把培养首席仲裁员作为一项重要的工作来抓，有的甚至还建立了专门的首席仲裁员名册。

处理好与其他仲裁员的关系，最关键的一点就是要坦诚。要就事论事，客观、公正地评价判断争议双方的证据和案件的事实，根据法律，依据个人的专业知识，公正地发表合议意见。

处理好仲裁员的关系，还要善于互相学习。仲裁委汇集了法律、经贸方面的专家，每一次开庭，对仲裁员而言都是一个学习与提升的机会。仲裁员之间不同的观点碰撞，会开拓大家的视野，擦出智慧的火花。听到其他仲裁员不同的声音，不妨从对方的立场角度再思考一下，哪一观点更合适，更能显示公平的原则，更有利于纠纷的解决。如果大家都能努力做到客观公正，又注意综合平衡，大多数的仲裁合议庭就很少出现三方意见相左，而提交专家咨询委员会或者由首席仲裁员独断的情况。

五、仲裁庭与专家咨询委员会的关系

专家咨询委员会是仲裁委内部的咨询机构，是专门为重大疑难的案件提供咨询服务的，它既不是决策机构，也不是监督机构。

当仲裁庭在独立审理案件时，遇到重大疑难问题而无法作出裁决时，或者是议",也有载明"质量问题的争议",也有载明"因货款问题引起的争议"等。曾经有过这样的物业管理案例,合同载明"本合同争议提交肇庆仲裁委员会仲裁",但细看之下,合同里面还有这样的条款:"合同一方如有违约提交人民法院处理。"需要认真斟酌这样的仲裁条款的效力问题。

仲裁协议载明的仲裁机构是否清楚准确。我国的仲裁机构都是由市一级人民政府组建的,但所有的仲裁机构名称里面都没有"市"字的,如果仲裁协议或条款里多了一个"市"字或者名称不准确,那就需要依据有关规定,对该仲裁协议的效力进行认定。

仲裁协议是否存在"或诉或裁""亦诉亦裁"的情形。如果仲裁协议或条款出现这种情形,那也需要依据有关规定,对该仲裁协议的效力进行认定。

4. 其他审查

以上三点是立案审查的重点内容,只有这些内容符合仲裁法与仲裁规则的规定,仲裁委才能受理。除了以上内容外,还应该审查其他事项,如递交的资料份数是否足够,证据资料是否整理规范,证据清单与证据材料是否一致,仲裁请求是否清晰明确,是否有送达地址等。

二、程序适用

决定受理当事人的申请后就可以立案了。立案时必须确定该案件适用何种程序。在发出受理通知和仲裁通知书时是必须告知当事人适用何种程序的。仲裁机构一般都规定有普通程序、简易程序、涉外程序三种,也有一些仲裁机构根据商事交易活动的特点,分别制定有金融仲裁程序、网贷仲裁程序、建筑工程仲裁程序等。

最常用的是普通程序和简易程序。仲裁秘书要根据争议金额和双方当事人的约定,确定适用普通程序还是简易程序。

根据仲裁规则的规定,适用普通程序的情形有两种:一是争议金额超过一定的额度(这个额度由仲裁机构确定);二是当事人约定适用普通程序的。

适用简易程序的情形也有两种:一是争议金额低于一定的额度(这个额度由仲裁机构确定);二是争议金额虽超过以上额度,但当事人约定适用简易程序的。

从以上可以看出,适用何种程序当事人的意愿发挥了很大的作用。

三、送达

仲裁送达主要采取邮寄送达和直接送达形式。对申请人一方一般采用直接送达,因为通常他们愿意前来仲裁委领取仲裁资料。对被申请人多数采用邮寄送

仲裁秘书是案件的小管家

在我国的机构仲裁中，仲裁委员会一般下设办事机构如秘书处、办公室等，而在办事机构中实际负责案件具体业务的，正是仲裁秘书。从劳动雇佣关系来讲，仲裁员是来自社会各方面的专家，与仲裁委没有签订劳动合同，而仲裁秘书则是仲裁委的固定工作人员。仲裁秘书是仲裁程序的推进者和管理者，其工作有点像法院的法官辅助人员和书记员。只有理顺和明确仲裁秘书在仲裁程序各环节的职责，才可以规范仲裁办案程序。仲裁秘书的主要工作有以下几方面。

一、立案审查

当事人向仲裁委提交立案申请时，仲裁委要对这些材料进行审查，判断其是否符合受理条件。当然，这种审查是形式上的审查，仲裁庭在审理过程中发现立案审查有误的，仍然可以纠正。

1. 主体是否适格

仲裁机构实行立审分开、实体与程序分离的机制，主体的适格性在立案时应当予以审查。仲裁秘书在接到案卷后，主要是对合同当事人的身份进行核对，如申请人、被申请人与合同是否一致？是否具备完全的民事行为能力？是否有当事人的工商登记信息、个人身份信息等材料？对这些资料情况作出核对后即可初步判断主体的适格性。这些信息很重要，是构成裁决书的必要内容之一。

2. 是否有仲裁协议

仲裁协议是仲裁的基石，是仲裁机构对案件进行管理的依据。仲裁秘书应审查合同是否载明仲裁条款？如果原合同里面没有仲裁条款，那双方是否事后补签了仲裁协议？

3. 审查仲裁协议是否有效

合同里面虽有仲裁条款，但仲裁条款未必有效，需审查其效力。主要有以下一些问题：

仲裁协议是否清楚表明哪些争议提交仲裁委处理？实践中，具体的表述是多种多样的。例如，有的载明"本合同争议"，有的载明"本合同及关联合同的争都有规定，仲裁员应该模范地遵守。个别仲裁员对于一些小节不太注意，例如，当事人到齐了仲裁员却迟到，个别仲裁员在庭审中电话不断，庭审结束后个别仲裁员迟迟出不了裁决书等，既影响了自己的形象，也影响了仲裁委的形象。

二是仲裁员要注意研究仲裁委同类案件的处理情况。就裁判结果而言，法院司法判决的稳定性要高于仲裁裁决的稳定性，这是由法官队伍与仲裁员队伍的不同结构而形成的。如果对案件裁决的稳定性把握不好，长而久之会对仲裁机构的公信力产生不良的影响。仲裁员在处理案件时，应该听取一下老仲裁员以往在这一方面的做法，也可以征询一下仲裁委或其办案秘书的经验做法，尽量做到同类案件裁决的一致性和协调性。

三是仲裁员要尊重仲裁庭秘书的劳动。仲裁庭秘书是仲裁委的工作人员，也是仲裁庭的重要成员之一，他们的工作很具体也很繁琐。仲裁秘书应当具备较好的控制程序的能力，发挥在当事人和仲裁员之间的桥梁作用，以高质量高水平服务于仲裁员和当事人，作为一个有机整体，与仲裁员密切配合，相互理解，更要互相体谅，保证整个程序的高效顺畅。

出现两个边裁意见相左,而首席仲裁员又无法拿出最终意见的情况下,多数情况下首席仲裁员会征询一下仲裁委对于同类案件的处理情况。

在没有同类案件可供参考的情况下,仲裁庭可以提请启动专家咨询委员会咨询程序。专家咨询委员会咨询程序的启动,目前基本是并行两种模式,一是仲裁庭提请启动,二是仲裁委主动启动。专家咨询委员会成员基本由德高望重的专家组成,而且基本可以排除外界的干扰。一般来讲,经过专家咨询委员会集体研究后对具体案件提出的咨询意见,基本是客观公正且符合案件实际的,仲裁庭应该采纳。但也可能在个别情况下,仲裁庭不接受专家咨询委员会的意见。如果出现这种情况,仲裁庭应当向仲裁委员会写出书面报告,说明理由。但如果仲裁委认为仲裁庭的理由明显违法或明显与事实不符,就可能触发仲裁委更换仲裁员的程序。仲裁庭及仲裁员都应该自觉接受仲裁委员会的监督,都应该自觉接受《仲裁员守则》《仲裁员纪律处分办法》等规章制度的约束。

六、仲裁庭与仲裁委员会的关系

仲裁庭独立办理仲裁案件,是仲裁法赋予仲裁庭的权利和义务。案件的仲裁庭组成后,涉及案件的程序问题和实体问题,都应经过仲裁庭作出意见。仲裁庭的独立性是比较强的。那么如何处理仲裁庭与仲裁委的关系?

关于仲裁庭的独立性,有两种观点,一种是仲裁庭的绝对独立,即仲裁庭对案件的任何问题作出的决定,都应该得到仲裁机构的尊重,仲裁机构无权干预。另一种是仲裁庭的相对独立,即仲裁庭对案件进行独立审理,仲裁机构进行适当的引导和干预。

这两种观点都有其合理性和局限性。绝对性原则表面上是尊重了当事人以及仲裁庭的意思自治原则,但忽略了仲裁的普遍性和连续性。根据这一理论,同一仲裁机构的不同仲裁员审理同一类型案件时,可能会出现前后矛盾甚至截然相反的裁决,实践中也确实出现过这样的情况,这会危及仲裁的公信力。相对性原则虽然一定程度上牺牲了当事人以及仲裁庭的意思自治原则,但却可以保障同类案件裁决的连续性和可预见性,更有利于仲裁事业的可持续发展。目前,我国实行的是机构仲裁,所有的裁决都是以仲裁机构的名义作出的,对社会承担第一责任的还是各仲裁机构。坚持仲裁庭的相对独立性原则,更适合我国的国情,更有利于仲裁事业的发展。处理好仲裁庭与仲裁机构的关系,仲裁员除了要熟悉仲裁规则、遵守仲裁规则以外,还要把握好三点:

一是仲裁员要遵守仲裁委的各项规章制度。除了仲裁规则以外,仲裁员还应该遵守其他规章制度,比如仲裁员管理办法,仲裁员守则,仲裁员纪律处分办法,咨询委员会的运作制度,收费退费管理办法,等等。这些制度对于仲裁员的选聘、仲裁员的权利和义务、仲裁员的开庭纪律、仲裁员的奖惩、结案时限等,达，采取邮寄送达的须索取投递回执。投递地址无误但被拒收的，根据本会的仲裁规则，仲裁文书退回之日视为送达之日。关于邮寄送达，应特别注意的是：一要认真核对投递地址是否准确，以避免投递错误的情况；二要尽快追回投递回执。

如何确定投递地址？一般优先选用当事人约定或确认的地址，然后选用合同中载明的地址，最后选用法定地址，包括身份证地址、工商登记地址等。曾经有仲裁秘书经验不足，按照当事人的身份证地址投递两次都没被签收，核实后发现当事人的身份证地址是在广西，但他本人在肇庆居住和工作。仲裁秘书按照合同中的地址投递后就被签收了。如果投递一次后没人签收，也可以再投递一次，或两个地址同时投递，这样做的目的是确保仲裁送达的程序尽量完美。向投递部门尽快追回投递回执，主要是审查是否有效送达，以便推进下一步的程序。

公告送达。国际上的仲裁机构一般不采用公告送达，国内越来越多的仲裁机构也不再采取公告送达。

四、组庭和开庭准备

组庭的方式有两种，一是当事人选定，二是仲裁委指定。无论哪种方式组庭，仲裁秘书都要把握好三项工作。

1. 注意组庭时间

这是一项法律刚性很强的工作，过早组庭涉嫌程序违法，太迟组庭与仲裁的高效率相冲突。

2. 了解仲裁员有无回避情形

如发现当事人选定或主任指定的仲裁员有回避情形，在组庭阶段即通知当事人或告知主任另行选定，以避免由于对方当事人针对仲裁员提出回避申请，人为地延长仲裁时间。

3. 对仲裁员的适时提醒

组庭后仲裁秘书要适时提醒仲裁员阅卷，提醒其准时开庭。对于仲裁秘书来讲，做这种提醒很繁琐。因为一个仲裁秘书手里可能同时有二三十起案子，每一起案子的开庭时间不同，且每一个案子都要提前通知。可见，仲裁秘书的工作很辛苦、很琐碎。假如仲裁员庭前不阅卷，必然会影响庭审的效率；一旦不幸忘记开庭时间，就会让双方当事人苦等甚至不得不取消开庭，直接损害了仲裁机构的公信力。为了避免出现如此负面的影响，仲裁秘书做这些适当的提醒也是值得的。

五、庭审阶段

1. 庭前核对当事人及委托代理人的身份

核对当事人及委托代理人的身份,是确保到庭人员符合法律规定的重要环节。

对于自然人,要将本人与其身份证件核对。对于法定代表人要有单位开具的法定代表人证明,并要与其本人的身份证件核对。

对于委托代理人,一是核对有无授权委托书;二是要核对委托人与代理人的身份证件;三是要核对授权范围。

与诉讼不同,仲裁对于代理人的身份要求没法院那么严格,一般都允许公民代理,公民具有完全民事行为能力即可。对于律师担任代理人时,除了核对其律师证以外,还要求其提供律师事务所的公函,这是因为我国对于律师执业有严格的规定,而且在裁决时还可能涉及律师费的支持与否。

2. 准确完整地记录开庭审理笔录

庭审笔录,是仲裁庭处理案件的主要依据,也是仲裁机构案卷档案的重要组成部分。它不仅记载着有关证据,如当事人的陈述和证人证言等,也记载着证据材料的提取情况。例如,鉴定人介绍鉴定情况、鉴定结论,以及其他证据来源等。同时,庭审笔录还反映了仲裁庭活动是否符合仲裁法及仲裁规则规定的程序。因此,准确完整地记录开庭审理笔录,是仲裁秘书的重要职责。

做好庭审笔录,要做好以下三点:

(1) 庭审笔录的完整性。仲裁庭开庭审理案件的全部活动,是指宣布开庭、仲裁庭调查、辩论和最后陈述、宣布闭庭。开庭审理笔录首先记明开庭时间、地点、旁听人员(经过当事人同意)及旁听人数、仲裁员和仲裁秘书姓名。然后按照仲裁庭审理进行的顺序如实记录。

(2) 记录的准确性。对于当事人等的陈述,内容重复、啰嗦、层次混乱的,可在不失原意的前提下,进行概括、归纳、提炼后,做成记录。在质证阶段,要准确记录双方当事人对不同证据的意见,是认可还是有异议,是仅对证据本身无异议但对证明目的有异议,还是对二者皆有异议,应当如实记录。因为双方当事人的质证意见是仲裁庭定案的主要依据。

(3) 笔录的签署。笔录做好后,须经仲裁参与人核对签字。有涂改的,须让当事人或代理人签字或盖章予以确认。仲裁员和秘书也应在庭审笔录上签字。另外,如有证人、鉴定人员出庭的情况,证人和鉴定人员也应在相应的笔录上签字。

六、仲裁庭评议阶段

仲裁庭评议意见是不公开的。仲裁秘书的职责是做评议记录，不能泄露仲裁庭评议结论。

七、结案阶段

1. 核对裁决书

裁决书或调解书由首席仲裁员或独任仲裁员起草，仲裁秘书负责校对。除了文字、数字上的校对，着重要校对的内容，一是双方当事人的身份信息；二是仲裁请求和裁决内容，审查有无漏裁或超裁的事项；三是金额是否准确，抵押物的地址编号是否准确。这几个内容对于裁决书的效力、执行力和当事人的权利都有至关重要的影响，必须谨慎对待。

2. 印发裁决书

裁决书或调解书的原件在主任或秘书长签发后，就可印发了。送达前，须加盖"一大章、一小章"。大章即仲裁委员会印章，小章即"骑缝章"。

3. 送达裁决书

送达后，要妥善保管好送达回执。因为如果当事人申请执行的话，执行法院会要求当事人提供裁决书或调解书的送达回执。

4. 归档

送达结束后，仲裁秘书最后的职责是案卷归档及计算仲裁员报酬。

仲裁秘书承担着仲裁案件程序管理的大量基础工作，如果仲裁秘书的职责履行到位，仲裁程序就能规范，仲裁案件的质量就能得到保证。

仲裁的基本原则

仲裁员不必死磕"以法律为准绳",这是由仲裁的特性决定。

仲裁的基本原则,是指由仲裁法所规定的,仲裁机构和仲裁参与人进行仲裁活动必须遵守的基本行为准则。我国仲裁制度主要有以下几个原则:

一、自愿原则

仲裁之所以被民商事纠纷的当事人普遍接受,正是由于它有着有别于诉讼的自主性特征。

自愿原则是仲裁制度中的基本原则,它是仲裁制度赖以存在与发展的基石,贯穿于仲裁活动的始终,主要体现在以下几个环节:

(1)以仲裁的方式解决纠纷,出于当事人双方的共同意愿。仲裁机构受理案件来源于当事人双方的共同授权,仲裁机构不能受理没有书面仲裁协议(含仲裁条款)的仲裁申请。

(2)向哪个仲裁机构提请仲裁,由当事人双方协商选定。当事人在选择、约定仲裁机构时,不因当事人所在地、纠纷发生地所在地而受到地域管辖的限制;也不因争议标的额的大小、案件的复杂程度如何而受到级别管辖的制约。

(3)组成仲裁庭的仲裁员由当事人在仲裁员名册中自主选定,也可以委托仲裁委员会主任代为指定,仲裁庭的组成形式也可以由当事人约定。

(4)当事人可以约定交由仲裁解决的争议事项。即当事人将哪些纠纷交付仲裁,可以由当事人自主协商确定。当事人既可以约定把因履行合同所产生的所有争议均交由仲裁解决,也可以约定将某项或某几项争议交付仲裁。对于仲裁机构来说,也应当尊重当事人的选择,对当事人在协议中没有交由自己处理的争议,则不能主动审理和裁决。

(5)在开庭和裁决的程序中,当事人还可以约定审理方式、开庭形式等有关的程序事项。也可以交由仲裁庭简约安排。

自愿原则是法律赋予当事人的诸项权利的集中体现,是仲裁活动的前提、基础和根基。

二、仲裁独立的原则

仲裁的独立，指的是从仲裁机构的设置到仲裁纠纷的整个过程，都具有依法的独立性。仲裁法确立的仲裁独立的原则，是我国仲裁制度发展完善的一个里程碑。仲裁独立主要表现在以下几个方面：

（1）仲裁与行政机构脱钩。即仲裁委员会独立于行政机关、司法机关，与行政机关、司法机关没有隶属关系。这有利于我国的仲裁真正做到具有公正性、权威性。

（2）仲裁组织体系中的仲裁协会、仲裁委员会和仲裁庭三者之间相对独立。即作为社会团体的中国仲裁协会，属于仲裁委员会的自律性组织。仲裁委员会是按地域分别设立的，相互之间无高低之分，无上下级之分，相互之间没有隶属关系，相互独立。同时仲裁庭对案件独立审理和裁决，仲裁委员会不能干预具体审理。法院对仲裁裁决虽然有着必要的监督，但并不意味着仲裁附属于法院。正如仲裁法规定："仲裁依法独立进行，不受行政机关、社会团体和个人的干涉。"

三、根据事实、符合法律规定、公平合理解决纠纷的原则

《仲裁法》第7条对仲裁庭裁处案件的原则作了规定，《民诉法》第7条对人民法院审判案件的原则也作了规定。对比一下，《仲裁法》里面没出现"以事实为根据、以法律为准绳"的讲法。

"以事实为根据、以法律为准绳"，这句话宣传了多年，是实施法律必须坚持的基本原则。但如果把"以法律为准绳"作为仲裁的基本原则是不恰当的，而应该把"公平合理"作为仲裁的基本原则，这是由仲裁的特殊性决定的。

"公平合理"主要有两层含义。一是仲裁庭在进行仲裁活动时，必须保持中立，处于公正的第三方立场，对待双方当事人一律平等，公平合理地作出裁决。另一层含义是，仲裁作为解决民商事纠纷的法定方式之一，不必像诉讼那样严格地"以法律为准绳"，只要仲裁员本着公平合理的精神审理案件，当事人也认为裁决公平合理，能满足不同当事人的正当要求，即使部分事实未查清，或未依照法律而是依照贸易惯例或行业惯例而作出裁决，也会得到承认和执行。这是仲裁与诉讼的一个显著区别，也是仲裁优越性的具体体现。

"公平合理"是解决当事人之间的纠纷所应当依据的基本准则，必须把握以下几方面：

（1）根据事实，就是在仲裁审理过程中，要全面、深入、客观地查清与纠纷有关的事实情况，包括纠纷的发生原因、发展过程、现实状况以及争议各方的争执所在。

（2）符合法律规定，即仲裁庭在查清事实的基础上，应当根据法律的有关规定确认当事人各方的权利与义务，确定承担赔偿责任的方式以及赔偿数额的大小，不能违反法律的基本原则和基本精神，但可以不以政府的法规、规章、规定甚至司法解释作为裁决的依据。

（3）公平合理，就是仲裁庭在仲裁纠纷时应当公平、公正、不偏不倚。仲裁员在审理纠纷时应当处于中立地位，公平地对待双方当事人。同时，公平合理还意味着，在仲裁中所适用的法律对有关争议的处理还没有明确规定时，不必拘泥于"以法律为准绳"，可以参照采用在经济贸易活动中被人们普遍接受的做法，即经济贸易惯例或者行业惯例来判断责任。这样做既体现了与诉讼相区别，也是仲裁的基本精髓和灵魂所在。

四、当事人协议选定仲裁机构的原则

我国《仲裁法》第 16 条规定，当事人可以协议选定仲裁委员会，这就是说，要选择哪个仲裁委员会，完全由当事人自己决定。其中之意包含了仲裁机构并不以当事人所在地、纠纷发生地等而受到地域管辖的限制，也不会因争议标的的多少而受级别管辖的制约，还意味着各仲裁机构相互独立彼此没有隶属关系。可以说，仲裁机构对特定案件的仲裁权是当事人赋予的。

五、一裁终局原则

一裁终局，意味着裁决一经作出即发生法律效力，一方当事人不履行裁决，另一方当事人可以据此向法院申请强制执行。一裁终局可以方便、迅速、及时、公正地解决纠纷，是我们仲裁制度顺应国际形势，与国际仲裁接轨的重要方面。

国际知名的商事仲裁机构

国际商事仲裁是经济全球化的必然产物。国际商事仲裁诞生后,又反过来对全球经济贸易投资的健康发展,发挥了稳定器、助推器、保护器的作用。据测算,国际上有80%的跨国经济贸易纠纷通过仲裁解决。

进入20世纪,仲裁制度在国际社会得到了进一步推广和确认,特别是在20世纪中期以后得到了迅速发展,很多国家先后建立了本国的仲裁制度,并多次修改或者重新制定国内仲裁法律,使仲裁法律制度日趋完善和成熟。各国在加快修订本国仲裁法的同时,开始组建专门从事国际经济贸易仲裁的常设仲裁机构。在国际商事仲裁的发展中,逐步形成了十多个世界上著名的、有较大影响力仲裁机构:

1. 伦敦国际仲裁院

伦敦国际仲裁院(London Court of International Arbitration,LCIA)成立于1892年,是世界上最古老的仲裁机构之一,原称"伦敦仲裁会",1903年起使用现名。1986年起改组成为有限责任公司,董事会管理其仲裁活动。仲裁院在仲裁中的主要作用是指定仲裁员和对案件进行一些辅助性管理,也设有可以适应各种类型仲裁案件需要的仲裁员名册。

伦敦国际仲裁院成立时间早,享有崇高的国际地位。其受理的案件范围广泛,涵盖了金融、贸易、地产、建筑、航运等,尤其是航运争议案件,其他仲裁机构难望其背项。仲裁员遍布世界各国。独任仲裁员处理的案件比例较高,基本在40%以上。尊重当事人对于语言的约定。仲裁院如果认为不合适会拒绝任命当事人选定的仲裁员。仲裁院对于仲裁员作出的裁决书的审核比较宽松。仲裁院不以争议标的大小来收费,而是以审理案件的时间长短来收费。

2. 瑞士苏黎世商会仲裁院

瑞士苏黎世商会仲裁院(Court of Arbitration of the Zurich Chamber of Commerce,ZCC)成立于1911年,是瑞士苏黎世商会下属的仲裁机构。在二战前,该仲裁院只受理苏黎世商会各会员单位之间的争议,在二战后才开始受理世界各国的商事争议。由于瑞士在政治上处于中立地位,因而其仲裁的公正性比较容易为其他国家和当事人所接受,许多国家的当事人都愿意选择该机构来解决纠纷。

3. 国际商会仲裁院

国际商会于 1919 年成立于法国巴黎，是一个国家间商会，现有国家会员 100 多个；国际商会仲裁院（The International Court of Arbitration of International Chamber of Commerce, ICC）成立于 1923 年，与任何国家没有关系，隶属于国际商会，其总部和秘书局设在巴黎，委员来自 40 多个国家，工作人员也来自不同的国家；其仲裁的一个主要特点，是可以在世界的任何地方进行仲裁。

不可否认的是，国际商会仲裁院无疑深受欧洲大陆法系和文化的影响。

国际商会仲裁院的最大特点是仲裁庭的裁决要经过仲裁院的批准。仲裁院不仅可以就裁决书的形式直接进行修改，还可以提请仲裁庭仲裁实体问题。当事人如果没有约定仲裁员人数时，仲裁院将指定 1 名独任仲裁员审理案件。

4. 美国仲裁协会

美国仲裁协会（American Arbitration Association, AAA）成立于 1926 年，是一个非营利性的仲裁服务机构；其总部设在纽约，在美国一些州共设有 38 个办事处，另外在爱尔兰都柏林设有 1 个办事处。美国仲裁协会的仲裁员来自很多国家，数量达数千人之多，当事人可以在其仲裁员名册之外指定仲裁员；在没有约定的情况下，所有案件只有一名仲裁员，但如果仲裁协会认为该案件复杂时，可以决定由三名仲裁员组成仲裁庭；该仲裁协会的受案范围很广，从国际经济贸易纠纷到劳动争议、消费者争议、建筑、房地产、纺织、许可证、证券等各个方面无所不包，而且各类专业均订有专门的仲裁规则。美国仲裁协会已不仅仅是传统意义上的商事仲裁机构了。

美国仲裁协会的重大贡献是大力推广 ADR（alternative dispute resolution）模式，中文译为"替代性解决争议的方法"，通常是指除诉讼与仲裁以外的各种解决争议的方法的总称，如协商、谈判、斡旋、调解等方式。ADR 最早源于美国，经过协会的大力推广，美国 ADR 模式广泛得到法官们的支持，现在盛行于世界各地诉讼程序和仲裁程序中。

5. 德国仲裁协会

德国仲裁协会（DIS）是经注册的社团，其宗旨是促进德国国内的国际仲裁。1920 年，德国一些工商业协会建议成立了"德国仲裁委员会"（DAS）；1947 年，德国一些经济协会、学术机构和仲裁实务界共同建立了"德国仲裁院"（DIS）；1992 年 1 月，德国仲裁院与德国仲裁委员会合并成为"德国仲裁协会"；实际上有资料证明，德国仲裁院是在接管了德国仲裁委员会之后，才改名为"德国仲裁协会"的，但其简称仍然沿用德国仲裁院的简称 DIS。

6. 斯德哥尔摩商会仲裁院

斯德哥尔摩商会成立于 1917 年，其仲裁院斯德哥尔摩商会仲裁院（SCC）成立于 1949 年，总部设在瑞典首都斯德哥尔摩，包括秘书局和三名成员组成的委员会,委员任期三年,由商会任命,其中一名须具有解决工商争议的经验、一名须为有实践经验的律师、一名须具备与商业组织沟通的能力。该仲裁院主要解决工业、贸易和运输领域的国际争议,尤以解决涉及远东或中国的争议而著称。

7. 荷兰仲裁协会

荷兰仲裁协会(NAI)成立于 1949 年,是独立的非营利性组织,以基金会的形式存在,与政府没有任何关系,也不接受资助;其总部设在鹿特丹,管理机关成员包括商业联合会、阿姆斯特丹商会、国际商会组织、工商协会的代表和其他相关人士等。

8. 日本商事仲裁协会

日本商事仲裁协会(JCAA)成立于 1950 年 3 月,是日本工商联合会和其他一些全国性的工商组织根据《日本民法典》设立的社团法人,总会设在东京,在横滨等大城市设有分会。

9. 中国国际经济贸易仲裁委员会

中国国际经济贸易仲裁委员会(CIETAC)成立于 1956 年,从 1994 年起步入世界主要仲裁机构行列,其受案量一直排在世界各仲裁机构前列。现在的中国国际经济贸易仲裁委员会不仅仅是一个国际商事仲裁机构,因为它也同时受理纯中国国内性质的各类具备仲裁要件的纠纷案件。

10. 意大利仲裁协会

意大利仲裁协会(AIA)是在学者以及工商业界、不同经济领域的组织和外国事务部的代表支持下,于 1958 年 10 月在罗马成立的,其总部设在罗马,下设处理紧急措施常设委员会,在仲裁庭组成之前根据其仲裁规则的规定发布指令。仲裁员可自行决定适用何种程序。

11. 解决国际投资争端中心

解决国际投资争端中心(ICSID)成立于 1965 年,总部设在美国华盛顿,是一个国际性法人组织。因为该中心是根据《华盛顿公约》成立的,所以它要求申请仲裁的争议双方必须是华盛顿公约的成员国,争议主体为国家或国家机构或代理机构,解决的争议必须是直接由投资引起的法律争议,审理案件的仲裁员和调解时的调解员必须从其仲裁员名册和调解员名册中选定。

12. 印度仲裁协会

印度仲裁协会(ICA)成立于 1965 年,成员有印度政府、重要商会、贸易组织、出口促进会、公共部门企业等。

13. 中国香港国际仲裁中心

香港国际仲裁中心(HKIAC)成立于 1985 年,是依据中国香港公司法注册的(有限保证责任)非营利性公司。中心受到中国香港商界和中国香港特区政府的资助，但完全独立，财政上自给自足，不受政府或其他任何官员的影响或控制。中心的管理机构是理事会，由不同国籍的商界、法律界和其他相关人士组成；中心的首席行政人员和登记主管是秘书长，由一名律师担任；中心的行政工作由理事会下属的管理委员会通过秘书长进行。

14．新加坡国际仲裁中心

新加坡国际仲裁中心（SIAC）于1990年3月经新加坡政府经济委员会提议成立。该中心是依据新加坡公司法设立的担保公司，以解决建筑工程、航运、银行和保险等方面的争议见长，并致力于培养熟悉国际仲裁法律和实践的仲裁员和专家。

15．世界知识产权组织仲裁与调解中心

世界知识产权组织是根据1967年在瑞典斯德哥尔摩签署的《关于成立世界知识产权公约》成立的政府组织，负责监管知识产权事务，其总部设在瑞士的日内瓦，1974年成为联合国的一个专门机构，是迄今为止联合国的最大国际组织。世界知识产权组织仲裁与调解中心，是1993年9月在世界知识产权组织全体会议上正式获准成立的，属世界知识产权组织的国际局，1994年10月在日内瓦开始工作。

16．中国北京仲裁委员会

中国北京仲裁委员会（BAC）是依据我国《仲裁法》和国务院关于重新组建仲裁机构的相关规定，经北京市人民政府批准，于1995年9月28日成立的；是《仲裁法》施行之后重新组建仲裁机构以来，我国发展最好的国际著名仲裁机构之一。

务实案例

INDICE

本案的证人证言，仲裁庭为何不予采信

申请人：赵某某
被申请人：何某某

一、案情

申请人仲裁请求称：

2014年9月22日申请人与被申请人签订一份《借款合同》。合同约定被申请人向申请人借款人民币105万元，并约定借款期为一年，即从2014年9月23日起至2015年9月23日止。利息按月息3%计算。合同签订后，申请人委托巢某云（申请人生意上的朋友），于2014年9月23日，先后分两次从其私人账户（账号：621771480052137X）汇款59.5万元、45.5万元（合计105万元人民币）到被申请人指定的账户上。被申请人于当日开具《借据》交申请人收执。

此后，被申请人虽每月向申请人支付借款利息，但在《借款合同》约定的期限届满时没有归还借款本金给申请人。被申请人经与申请人协商，决定延长借款期，双方遂于2015年12月28日签署《补充协议书》，重新约定被申请人用权属自己位于肇庆市西门后西街30号房产（房地产权证号：肇字第0200065944号；国有土地使用证号：肇府国用2016第0030012号）作为借款的抵押担保，并约定借款期限延长至2016年8月30日止，利率及支付约定按原《借款合同》约定。双方在《补充协议书》签订后的当日签订《借款抵押合同》并到房管局办理了房屋抵押登记手续，他项权证交申请人收执。

被申请人在2015年12月前能依约按月支付利息给申请人，但从2016年1月起至借款期限截止的2016年8月30日，未按合同约定向申请人支付利息和偿还本金，已构成违约。

申请人经多次追讨无果，为了维护申请人的合法权益，现特向贵委申请仲裁，请求仲裁委员会依法裁决：

（1）确认申请人与被申请人签订的《借款合同》《补充协议书》《借款抵押合同》合法有效。

（2）裁决被申请人立即向申请人偿还借款本金人民币壹佰零伍万元整（￥

1 050 000元），及到期未付借款利息人民币 315 000 元［以月利息 3% 计算，从 2016 年 1 月计起，暂计至 2016 年 9 月，最终计至实际支付日，（105 万元 × 月利息 3% × 9 个月 = 31.5 万元）］前述款项合计 136.5 万元。

（3）裁决申请人对被申请人已抵押的房产享有优先受偿权。

（4）裁决本案仲裁费由被申请人承担。

二、审理

根据申请人的请求，仲裁庭同意证人巢某云作为证人出庭作证。巢某云旁听了整个庭审环节。巢某云对申请人的陈述全部予以确认。

对申请人提交的上述证据，被申请人在真实性、合法性和与本案的关联性方面不持异议。

双方当事人对本案证据证明的事实没有异议。双方当事人在庭上表示愿意庭后协商和解，得到仲裁庭准许后，双方于 2016 年 12 月 2 日，各自向仲裁庭提交了《和解协议书》文本，双方均在文本上签字确认。

仲裁庭在审查有关证据时，发现诸多疑点，于是提请专家咨询委员会咨询。专家咨询委员会审查后，建议驳回当事人的请求。据此，仲裁庭裁决如下：

（1）驳回申请人的全部仲裁请求。

（2）本案仲裁费 15 656.00 元由申请人承担。

三、评析

（一）借贷关系证据链不能闭合

第一，赵某某与第三人巢某云的委托关系只有两人的口头证词，并无书面证据。代为划拨如此巨额款项而没有书面委托，不合常理。第二，被申请人何某某指定了代为接收款项的账户，也只有口头证词，并无书面证据证实，也不合常理。第三，交易明细显示，代为接收款项的账户有两个，分别是 622848115028442691X、622700323260010936X。但申请人不能提供这两个账户的任何信息（户名、开户行等）。是否与被申请人何某某"指定"的账户一致？庭上只有被申请人何某某的代理人何某颖（系何某某的女儿）单方面的口头证词，没有书面凭证。被申请人何某某不出庭，不提供任何证据。第四，作为接收款项、转交款项的第三方当事人（即上述两个账户的户主）身份不明，既没有出庭，也没有提供任何证据证实上述借贷款项的划拨。故此，仲裁庭对于申请人赵某某关于与被申请人何某某存在借贷关系的主张，不予支持。

（二）当事人提供的证据互相不一致

首先，借款金额不一致。当事人提供的《借款合同》（2014年9月23日）和《借据》（2014年9月23日）显示，借款金额是105万元。但当事人提供的《借款抵押合同》显示，借款金额是60万元。其次，利息约定不同。《借款合同》约定的月利息是3%，而《借款抵押合同》约定的月利息是1.5%。没有证据证实，《借款抵押合同》所担保的债权就是前面的《借款合同》记述是105万元债权。《借款合同》与《借款抵押合同》没有关联性。由于当事人提供的证据存在诸多瑕疵，故仲裁庭不采信当事人的仲裁主张。

（三）如何对待证人的证言

巢某云对申请人的陈述全部予以确认。但仲裁庭对其证言不予采信。仲裁实践中，如何判断证人证言的证明效力？

主要从几个方面考量：一是审查判断证人证言同案件事实的关联性。如果证人证言与案件事实本身并无关联，即使在内容上符合客观事实，也无证据价值。二是要看证人证言与其他证据之间有无矛盾之处，证人证言与被确认的案件事实之间是否相互吻合。三是审查判断证人与案件当事人或案件本身是否具有利害关系，以确定其证言的倾向性，判断其真实程度。四是审查判断证人的作证能力。证人的作证能力与其民事行为能力基本上是相适应的。五是综合对比，实物验证。由于受主客观因素的干扰影响，证人证言在证明力上存在着不稳定性和多变性。相对于书证、物证而言，证言的证明效力一般较弱。六是考量证人的作证环境。根据《最高人民法院关于民事诉讼证据的若干规定》第58条规定：证人不得旁听法庭审理；询问证人时，其他证人不得在场。本案中证人全程参与庭审违背相关法律法规，证人证言的客观性、真实性存在瑕疵。

通过第三方支付的材料货款可否冲抵工程款
——肇庆鼎湖某某楼盘案

申请人：肇庆鼎湖某洲房地产有限公司
被申请人一：肇庆某某土石方工程有限公司
被申请人二：肇庆某某城建建筑工程有限公司

一、案情

申请人申请仲裁称：2009年12月30日，申请人与被申请人二签订了《广东省建设施工合同》，将工程项目鼎湖某某清庭商住小区项目发包给第三人施工，合同造价暂定捌仟万元整，建筑面积约72 800平方米，包工包料。2011年6月10日，申请人、被申请人一与被申请人二签订了《建设工程施工合同三方协议》，申请人与被申请人二同意将上述工程项目分包给被申请人一。2014年8月5日，申请人与被申请人一对所完成的工程进行了结算，工程结算价为75 964 888.67元，我司已付工程款79 089 403.74元。被申请人一于2013年6月5日已经全面停工并拆除了排栅。申请人经核算支付的工程款，发现已支付款项超出了实际的工程款，经与被申请人一交涉，被申请人一不愿结算，也不愿意撤场，更不愿意退换申请人多支付的工程款，给我司造成了巨大的经济损失。

申请人的仲裁请求为：

（1）判令被申请人一返还申请人多支付的工程款项，共计3 124 515.07元，并清除被申请人一出场；

（2）由被申请人一承担本次仲裁费用。

被申请人一答辩称：

（1）申请人要求我司返还多支付的工程款项3 124 515.07元的请求不成立，与事实不符。申请人称："与我司于2014年8月5日对所完成的工程进行结算，结算工程价款为75 964 888.67元"，这是申请人单方结算结果，这一说法与事实不符。事实情况是，被申请人一按照合同约定建设到六层封顶，申请人没有遵守双方签订的《广东省建设工程施工合同》中第六条第 26 点条款中的约定支付工程进度款,被申请人一为保证工程顺利进行,前后垫入资金达 4 415.5 万元,已完成建设工程造价达 1.412 2 亿元。在工程建设期间被申请人一总共收到申请人支付的工程进度款 852 万元。至此,申请人总共拖欠我司已完成工程款进度达 1.327 亿元。所以申请人要求我司返还多支付的工程款项 3 124 515.07 元没有事实根据。

(2) 申请人要求我司清除出场的请求没有法律和事实依据。申请人因为拖欠被申请人一工程进度款金额巨大,以此造成双方都被材料商和工人集体起诉至法院,法院判决双方需支付拖欠款,申请人作为第一被告,拒不执行法院裁决,工地被迫停工至今。工地停工以来,被申请人一要求申请人执行法院判决和遵守合同约定,支付拖欠被申请人一的工程进度款 1.327 亿元,以便我司能解决材料商欠款和工人工资。

被申请人二答辩称:

(1)《建设工程施工合同三方协议》明确约定:申请人要求被申请人二就本工程的施工由被申请人一成立项目部,由该项目部对本工程施工实行项目责任承包;该项目的一切经济责任,法律责任由被申请人一承担;被申请人二与申请人双方于 2009 年 12 月 30 日签订的《广东省建设工程施工合同》(合同编号 2009123001)仅用于办理施工报建及其他相关手续,实施施工承包条件以申请人与被申请人一另行签订的承包合同为准。

(2) 申请人与被申请人一根据上述三方协议的约定,于 2011 年 5 月 27 日双方签订了《广东省建设工程施工合同》,该合同明确了发包方是申请人,承包方是被申请人一,合同对工程概况、工程承包范围、合同工期、质量标准、合同价款、质量与验收、安全施工、合同价款与支付、竣工验收与结算、违约、索赔和争议等都有明确规定。根据合同相对性原则,本案的工程合同纠纷与被申请人二无关。

(3) 申请人举证的 8 张进账单总额为 1 148 万元,被申请人二确实收到,但这 1 148 万元是被申请人二代收代支的,其中代扣税款 326 528 元、按被申请人二委托要求转到其指定的被申请人一彭某、邓某嫦账号共 8 353 472 元、按申请人要求代支付该工程工人工资共 2 800 000 元。

二、审理

本案经开庭审理,根据当事人的陈述、举证、质证、辩论以及庭审调查情况,本案仲裁庭查明事实后,裁决如下:

(1) 解除申请人和被申请人一于 2011 年 5 月 31 日签订的《广东省建设工程施工合同》以及申请人、被申请人一和被申请人二于 2011 年 6 月 10 日签订的

《建设工程施工合同三方协议》；

（2）被申请人一于本裁决生效后十五日内向申请人交还肇庆市鼎湖某某清庭商住小区施工现场，并将其组织的施工人员与设备清退离场；

（3）被申请人一向申请人支付停工至清退离场期间产生的水、电费（暂计算至 2016 年 2 月份，最终按实际发生的数额计算支付）共计人民币 111 170.83 元；

（4）驳回申请人的其他仲裁请求。

三、评析

（一）关于本会仲裁管辖权的问题

申请人与被申请人一于 2011 年 5 月 31 日签订的《广东省建设工程施工合同》中约定："在履行合同过程中产生争议时：（1）请当地主管部门调解；（2）若调解不成，双方约定向工程所在地仲裁委员会仲裁。"该仲裁条款有明确的请求仲裁的意思表示、仲裁事项并有选定的仲裁委员会，符合《仲裁法》第 16 条之规定，应当予以认定。申请人与被申请人二于 2009 年 12 月 30 日签订的《广东省建设工程施工合同》（合同编号：2009123001）中约定："双方同意选择下列一种方式解决争议：（1）向当地仲裁机构申请仲裁；（2）向有管辖权的人民法院提起诉讼。"该条款中"当地仲裁机构"约定不明，但是因为双方的住所地以及工程所在地一致，能够确定"当地"意指"肇庆"，符合《〈仲裁法〉解释》第 3 条之规定。另，该条款约定争议可以向仲裁机构申请仲裁也可以向人民法院起诉，没有明确的请求仲裁的意思表示，本应无效。但是在仲裁庭首次开庭前，被申请人二未对仲裁条款的效力提出异议，且庭审过程中，仲裁庭特别询问当事人对本会仲裁管辖是否有异议，各方当事人均表示无异议，故根据《〈仲裁法〉解释》第 7 条和《仲裁法》第 20 条之规定，对该仲裁条款的效力予以认定。另，申请人提交的肇庆市鼎湖区人民法院（2015）肇鼎法民立初字第 4 号《民事裁定书》中，鼎湖区人民法院以当事人有仲裁条款为由不予立案。综上所述，本仲裁庭对申请人与被申请人一于 2011 年 5 月 31 日签订的《广东省建设工程施工合同》中的仲裁条款效力予以认可，具有管辖权，同时对申请人与被申请人二于 2009 年 12 月 30 日签订的《广东省建设工程施工合同》（合同编号：2009123001）以及申请人、被申请人一、被申请人二等三方于 2011 年 6 月 10 日签订的《建设工程施工合同三方协议》也享有管辖权。

（二）向第三方支付材料款的认定问题

申请人向第三方支付的工程款，是否可以认定为本案的工程款？如何核实该项支出？这是焦点问题。在我国目前的法律框架下，与诉讼审理案件不同，仲裁审理案件时没有第三人制度，仲裁庭不能直接传讯第三人参加庭审。目前，为了避免与法律的冲突，仲裁审理案件时，通知第三人作为证人出庭作证。证人提供的证言、证据经过质证后，仲裁庭可以决定是否采信。本案中，支付给第三人的材料款经过了司法鉴定，经过了质证，具备"三性"（真实性、合法性、关联性）条件，仲裁庭予以采信。案件历经三次开庭、两次司法鉴定。案件反映出合同各方在财务管理、材料采购、工程管理等方面存在不规范之处。

2018年2月23日发布的《最高人民法院关于人民法院办理仲裁裁决执行案件若干问题的规定》（以下简称《规定》）首次将第三人制度引入了仲裁案件的执行阶段。《规定》第9条规定"案外人向人民法院申请不予执行仲裁裁决或者仲裁调解书的，应当提交申请书以及证明其请求成立的证据材料，并符合下列条件：（一）有证据证明仲裁案件当事人恶意申请仲裁或者虚假仲裁，损害其合法权益；（二）案外人主张的合法权益所涉及的执行标的尚未执行终结；（三）自知道或者应当知道人民法院对该标的采取执行措施之日起三十日内提出。规定案外人依法举证并经法庭审理后，可以依法裁定不予执行仲裁裁决"。人民法院组成合议庭审查后，作出执行或不予执行的裁定。

违反法律规定的担保是否当然无效
——梁某与胡某民间借贷案

申请人：梁某
被申请人一：胡某
被申请人二：肇庆市某某伟业物流公司

一、案情

胡某与高某是夫妻，共同组建了伟业物流公司，丈夫胡某是总经理，妻子高某是董事长。丈夫胡某因经营需要，经朋友介绍于2015年3月12日向梁某借款230万元用于生意经营，签订了《担保借款合同》，并用伟业物流公司的名义提供了担保，但公司董事长高某没有在借款合同签字，只是加盖公司印章。后来，胡某因经营困难，只归还了130万元，余款无法按期还清。2016年10月26日，梁某提起仲裁，请求裁决胡某返还欠款100万元本息，要求伟业公司承担连带担保责任。仲裁庭于2017年4月作出裁决，支持申请人的仲裁请求。

二、审理

被申请人一认为已归还了180万元，其中130万元直接给申请人，另外50万元通过第三方还给了申请人。被申请人二则认为，伟业物流公司提供担保，没有经过董事会决议，违反了《公司法》第16条的规定，属于无效担保。仲裁庭审理后查实，被申请人一另外还款50万元给了申请人没有事实依据，不予采信；被申请人二伟业物流公司提供担保虽然没有经过董事会决议，违反了《公司法》第16条的规定，但不能抗辩交易相对人，担保有效。仲裁庭作出裁决：胡某返还欠款100万元本息，伟业公司承担连带担保责任。

三、评析

本案争议的焦点是伟业物流公司的担保行为是否有效?《公司法》第16条的规定:"公司向其他企业投资或者为他人提供担保,依照公司章程的规定,由董事会或者股东会、股东大会决议;公司章程对投资或者担保的总额及单项投资或者担保的数额有限额规定的,不得超过规定的限额。"仲裁庭认为,本案的担保行为虽然违反了《公司法》第16条的规定,但该规定是管理性规定,不是效力性规定,不能以此抗辩交易相对人,最终认定担保有效。目前,法律学术界和实务界对于法律的"管理性规定""效力性规定"有不同的看法,但多数认为,从维护交易的稳定性和安全性出发,"管理性规定"不应该约束交易的相对人。

2007年,最高人民法院副院长奚晓明首次在全国民商事审判工作会议的层面上,提出了应当区分效力性强制性规定与管理性强制性规定认定合同效力的观点。2009年《最高人民法院关于适用〈中华人民共和国合同法〉若干问题的解释(二)》出台,首次以司法解释的形式明确了人民法院不得仅以违反管理性强制性规定为由认定合同无效的司法态度。该司法解释第14条规定,"合同法第五十二条第(五)项规定的'强制性规定',是指效力性强制性规定"。《最高人民法院关于当前形势下审理民商事合同纠纷案件若干问题的指导意见》第15条亦规定,"违反效力性强制规定的,人民法院应当认定合同无效;违反管理性强制规定的,人民法院应当根据具体情形认定其效力"。

如何区分效力性强制性规定与管理性强制性规定?二者主要区别在于追求的目的不同:不确认违法行为无效不能达到立法目的的,属于效力性强制性规定;仅在防止法律事实上之行为的,属于管理性强制性规定。

消防工程未经验收即交付使用，责任在谁
——肇庆高新区某楼宇消防工程案

申请人：端州区某某管道设备工程部

被申请人：广东某某消防有限公司

一、案情

申请人与被申请人经协商，于2013年8月签订了《防排烟、正压送风施工承包合同书》，被申请人将某某楼盘地下室防排烟、A1B1栋、C1D1栋、A2栋天面正压送风工程承包给申请人施工，工程以消防主管部门验收合格为准，被申请人每月按进度支付申请人完工工程的70%工程款，剩余工程款待工程验收通过双方复核工程量后支付，另外5%的工程款作为工程保修款，待保修期满后结清给申请人。工程完成后，被申请人以未验收为由不予结算、不予付款。申请人提起仲裁请求支付拖欠的26万元工程款。

二、审理

仲裁庭审理后查明，案涉工程已由建设单位使用两年多，被申请人以未验收为由拒绝支付工程款。根据公平的原则，仲裁庭裁令被申请人把欠款连同保修款共计18.9万元一同返还申请人。

三、评析

以未验收、未结算为由拒不支付工程款，成为目前工程纠纷的共性，纠纷中承包方（施工方）往往处于弱势的地位。仲裁庭认为，工程实际交付使用后其风险已转移，发包单位以未验收为由拒付工程款有违公平原则。现在组织验收已不能反映工程质量的真实状况，验收已失去了原有的意义。参照最高法院司法解释，仲裁庭裁决发包方支付拖欠的工程款。

关于这个问题的处理，《建筑法》第 61 条、《合同法》第 279 条规定，建设工程竣工后，发包方应当根据施工图纸和说明书、国家颁发的施工验收规范和质量检验标准及时验收。建设工程竣工经验收合格后，方可交付使用。未经验收或者验收不合格者，不得交付使用。《最高人民法院关于审理建设工程施工合同纠纷案件使用法律问题的解释》第 13 条规定"建设工程未经竣工验收，发包人擅自使用后，又以使用部分质量不符合约定为由主张权利的，不予支持；但是承包人应当在建设工程的合理使用寿命内对地基基础工程和主体结构质量承担民事责任"。从《建筑法》《合同法》的规定来看，组织验收的主要责任应由发包方承担。

合同侵权之诉可否提交仲裁

原告：庄某某
被告：上海某某投资管理有限公司

一、案情

庄某某作为一般委托人，与受托人中江公司、优先委托人中国工商银行股份有限公司（理财计划代理人）、一般委托人之一上海某某投资管理有限公司于2011年5月16日签订《信托合同》，并与上海某某投资管理有限公司与中江公司于同日签订《投资顾问协议》。

《信托合同》第4条信托资金的管理方式、投资范围与限制对"受托人投资管理的方式""投资范围与限制""信托资金的运用程序""信托计划的预警线和止损线"进行了约定；第7、8、9条分别对"委托人的权利和义务""受托人的权利和义务""受益人的权利与义务"进行了约定；第18条争议的解决方式约定："本协议未尽事项或与本协议有关的争议，应通过友好协商解决，协商不成的，任何一方均有权将争议提交北京仲裁委员会，按照北京仲裁委员会届时有效的仲裁规则进行仲裁。仲裁裁决是终局的，对双方均有约束力……"

庄某某以上述合同为据，在深圳提起诉讼，认为被告并没有按照协议的约定仅行使投资建议权，而是完全独自管理使用信托资金，并在受托过程中超越授权，直接操作中江公司开设的信托股票账户，且未按合同约定进行止损操作将全部证券资产变现，导致该账户亏损严重。另外，被告为挽回自身单方损失，在庄某某不知情的情况下，再次越权先后两次代庄某某追加资金。被告的上述侵权行为直接导致庄某某投入的信托资金产生巨额亏损3845万元。庄某某请求判令：确认被越权操作信托股票账户的侵权行为，判令其向庄某某赔偿损失3845万元。

二、审理

2014年，深圳市罗湖区人民法院受理此案，被告上海某某投资管理有限公司对管辖权提出异议。罗湖区人民法院裁定法院有管辖权。二审法院深圳市中级人民法院也作出同样的裁定。主要理由为：

1. 本案为侵权纠纷，涉案侵权行为并不属于信托合同约定的当事人权利或义务，故不应受信托合同关于仲裁条款的约束。

2. 庄某某以财产损害赔偿纠纷为由，提起本案诉讼，其理由为被告越权直接操作信托股票账户，导致其财产损失。

3. 本案侵权行为系被告通过国信证券股份有限公司深圳红岭中路证券营业部直接发出电话或网络指令操作股票买卖，该营业部所在地可视为侵权行为地，而该营业部所在地属于原审法院辖区，故原审法院对本案具有管辖权。

本案的管辖权之争，分别经过了四级法院审理：一审深圳市罗湖区人民法院（2014）裁定法院有管辖权；二审深圳市中级人民法院（2014）维持原审裁定；再审广东省高级人民法院（2015）推翻了二审裁定，认为法院无管辖权；再审最高人民法院（2015）民监字60号），最后裁定法院无管辖权，应由仲裁管辖。最高人民法院的理由主要如下：

1. 案涉《信托合同》第18条为仲裁条款，内容明确，符合《仲裁法》第16条的规定，系有效条款。

2. 根据该仲裁条款，与因《信托合同》发生的或与《信托合同》有关的争议均应通过仲裁方式解决，庄某某就合同当事人在签订和履行《信托合同》过程中发生的纠纷以侵权为由向人民法院提起诉讼的，人民法院不享有管辖权。

3. 庄某某诉请"确认被告越权操作信托股票账户侵害庄某某财产权益"，须审查被告的操作行为是否构成越权操作或无权操作，即其行为是否超出了《信托合同》第4条、第7条、第8条、第9条等约定的被告的权限范围。故庄某某主张的被告的侵权行为，系执行《信托合同》有关的争议，与《信托合同》具有密切关联性。

4. 广东高院裁定本案属于因履行《信托合同》引起的侵权纠纷，庄某某应提交仲裁裁决而不得向人民法院起诉，并无不当。

三、评析

（一）合同侵权是否可提交仲裁

作为争议解决方式之一的仲裁，由于仲裁机构的中立性、仲裁当事人的自主性和仲裁裁决依据《纽约公约》几乎可全球执行等优势，仲裁正越来越广泛地为当事人所接受和选用。但是，当发生合同争议，特别是出现违约与侵权相竞合的情形时，出于各种目的考虑，有的当事人又希望能突破仲裁协议的约束，通过提起侵权之诉寻求法院的救济。司法实践中，当事人的这种趋利做法引发了一个新的法律问题，仲裁协议能在多大程度上约束当事人，当事人选择侵权案由是否可以突破仲裁协议的约束。存在有效仲裁协议的前提下，因合同产生的侵权纠纷是否可以通过仲裁解决？

我国仲裁法在规定仲裁的适用范围时，把当事人之间发生的合同和其他财产权益纠纷都纳入了可仲裁的范围，但明确排除了婚姻、收养、监护、扶养、继承纠纷以及依法应当由行政机关处理的行政争议。可见，违约或侵权，并不是判断纠纷可否仲裁的标准，我国仲裁法也没有限制通过仲裁解决侵权纠纷。实践中，判断仲裁机构是否对该侵权行为具有管辖权，主要是考量该侵权行为与原合同的履行是否存在密切关系。最高人民法院关于"自然人庄某某与上海某某投资管理有限公司财产损害赔偿纠纷案"管辖权的裁定，就体现了这一态度取向。

最高人民法院认为，与履行合同密切相关的侵权纠纷，受仲裁协议约束。本案中，针对"确认被告越权操作信托股票账户侵害庄某某财产权益"的请求，须审查被告的操作行为是否构成越权操作或无权操作，即其行为是否超出了《信托合同》第4、7、8、9条等约定的被告的权限范围。因此，庄某某主张的被告的侵权行为，与《信托合同》具有密切关联性，属于因履行《信托合同》引起的侵权纠纷，庄某某应提交仲裁裁决。

（二）法院审理管辖异议时无须作实质审查

法院在审理管辖异议时，不需要对所涉合同的相关条款进行具体的、实质性的审查，即无须认定是否存在侵权行为，只需要形式上判定所主张的侵权行为，是否属于履行合同引起的侵权纠纷或者与履行合同密切相关。

（三）仲裁机构可审理侵权财产纠纷

本案涉及侵权责任与合同违约责任的竞合问题。我国《仲裁法》第2条规定，平等主体的公民、法人和其他组织之间发生的合同纠纷和其他财产权益纠纷，可以仲裁；2013年1月1日起生效的新《民事诉讼法》第124条第2项规定："依照法律规定，双方当事人达成书面仲裁协议申请仲裁、不得向人民法院起诉的，告知原告向仲裁机构申请仲裁。"而修订前的表述为："依照法律规定，双方当事人对合同纠纷自愿达成书面仲裁协议申请仲裁、不得向人民法院起诉的，告知原告向仲裁机构申请仲裁。"新《民事诉讼法》删除了原条文中"合同纠纷"的表述，这体现了仲裁的受案范围，不仅限于合同纠纷，还包括诸如侵权行为引起的其他财产权益纠纷。

二手楼交易中土地出让金应由谁负担
——某公司土地出让金纠纷案

申请人一：伦某某
申请人二：莫某某
被申请人：肇庆某工程公司

一、案情

被申请人（售方）向申请人（购方）销售房屋一套，双方在2000年1月签订了一份商品房购销合同。合同由被申请人提供，在合同中，被申请人载明：甲方（即被申请人）以"出让"方式取得商品房所在地的地块的土地使用权。签订合同后，双方在合同约定的时间内交楼并办理房产证书，过程顺利。但至2015年，申请人欲转让该处住房时获悉，该土地实为"划拨"土地，现再次转让需缴纳土地出让金两万多元。申请人认为自己的权益受到损害，遂提起仲裁，请求裁决被申请人支付该处土地出让金。

二、审理

仲裁庭查明，被申请人在最初的商品房销售合同里载明"出让"与实际情况不符，实为"划拨"。参照《广东省实施〈中华人民共和国土地管理法〉办法》的规定，房屋再次转让时出让人需缴纳土地出让金。仲裁庭最终裁决，驳回申请人的仲裁请求。

三、评析

土地出让金是指各级政府土地管理部门将土地使用权出让给土地使用者，政府按规定向受让人收取的土地出让的全部价款（指土地出让的交易总额），或土地使用期满，土地使用者需要续期而向土地管理部门缴纳的续期土地出让价款，或原通过行政划拨获得土地使用权的土地使用者，将土地使用权有偿转让、出租、抵押、作价入股和投资，按规定补交的土地出让价款。

在计划经济年代，企业都是国有或集体所有，政府通常以"划拨"方式把地块交给国家机关、国有企业开发建设，再由国家机关、国有企业分配给职工居住。改革开放以来，房屋的产权政策法规逐步完善，上述国家机关、国有企业的购房者可以依法领取房产权属证书，一直居住下去。对于这些房屋，购房者自用、自住是没任何影响的，但该房屋再次转让时需缴纳土地出让金，由受让一方缴纳。《广东省实施〈中华人民共和国土地管理法〉办法》第44条规定："以划拨方式取得的土地使用权，转让土地使用权或因转让地上建筑物导致土地使用权转移的，应当向县级以上人民政府土地行政主管部门提出申请，报有批准权的人民政府批准。准予转让的，应当由受让方办理出让手续、缴纳出让金。经批准保留划拨土地性质的，可不办理出让手续，但转让方应当按有关规定上缴土地收益。"许多房改房、国有企事业单位集资房再次转让时都会面临这一问题。

过了诉讼时效，仲裁庭该如何裁决
——霍某某购房款争议案

申请人：霍某某
被申请人：肇庆某某港湾房产公司

一、案情

2011年2月，申请人（购方）同被申请人（售方）签订《商品房买卖合同》，购买被申请人开发的"某某公寓"第3层6单元A13户型的房产。合同签订后，申请人按约支付了全部购房款34万元。但是，后来由于被申请人迟迟无法按约交付房产，经双方协商同意解除合同，并退回全部购房款。被申请人于2013年6月退回购房款13万元，于2013年8月退回5万元。之后，被申请人并未将余款15多万元退回。申请人于2016年2月提起仲裁。

二、审理

仲裁庭审理中，发现申请人没有提供证据证明自己在2013年8月后行使过追诉权，实际上到提起仲裁时债权已超过了2年期的诉讼时效，但被申请人没提出抗辩，于是裁决被申请人退回拖欠款项15多万元。

三、评析

对于诉讼时效，如果争议双方均不提出任何质疑或异议，仲裁庭不主动审查和适用诉讼时效，故本案中仲裁庭支持了申请人的主张。不主动审查和适用诉讼时效，是诚实信用原则在审判实践中的具体应用，这也是确保仲裁庭在裁判民商事纠纷中居于超然的中立地位的必然要求。

仲裁庭或法庭是否可主动适用诉讼时效，在 2017 年《中华人民共和国民法总则》通过前，我国的法律层面对此无明确规定。为适应审判实践的需要，最高人民法院以司法解释的形式对此进行了明确。2008 年《最高人民法院关于审理民事案件适用诉讼时效制度若干问题的规定》第 3 条规定："当事人未提出诉讼时效抗辩，人民法院不应对诉讼时效问题进行释明及主动适用诉讼时效的规定进行裁判。"此司法解释成为审判实践和仲裁实务中不主动适用诉讼时效的依据。直至 2017 年 3 月全国人大通过《中华人民共和国民法总则》，我国对"不主动适用诉讼时效"的原则才从法律层面上予以明确规定。《中华人民共和国民法总则》第 193 条规定："人民法院不得主动适用诉讼时效的规定。"

搞错了被告怎么办
——提起仲裁案搞错被申请人

申请人：广东某某机械股份有限公司
被申请人：甘肃鸿某建材有限公司

一、案情

2015年9月，申请人与被申请人签订供货合同，合同约定申请人向被申请人提供500L白乳胶反应釜设备，型号、数量按合同确定。合同签订后，申请人按合同约定供货后，被申请人没有按承诺付款给申请人，给申请人的生产经营带来严重困难。申请人为了资金周转需要，多次找被申请人要求被申请人偿还所欠货款，但被申请人至今未还。申请人认为，被申请人的行为已侵犯了申请人的合法权益，为了维护申请人的合法权益，根据我国法律的相关规定提起仲裁，请求：
一、裁决被申请人立即支付设备尾款100 000元人民币及每日千分之五的利息；
二、被申请人承担本案全部仲裁费用。

二、审理

仲裁庭查明，申请人提起仲裁的依据是一张送货单，送货单记载了货物品名、数量、价款、签名等事项，还载明：争议由提货地的仲裁机构仲裁。肇庆仲裁委受理此案后发出仲裁通知书。被申请人随即提出了管辖异议，但并没有提供有关的证据，被驳回。直至开庭时，被申请人才向仲裁庭提供自己的主体资格文件等证据材料。仲裁庭审查发现，申请人提交的被申请人的主体资格材料，与目前被申请人自己提出的主体资格材料不相符，名称相差"徽县"两个字。进一步调查后发现，与申请人发生合同来往和纠纷的应该是"甘肃徽县鸿某建材有限公司"，而不是"甘肃鸿某建材有限公司"，这两家公司是各自独立的法人，注册地不同、法人代表不同。申请人提起仲裁时"搞错了对象"。仲裁庭驳回了申请人的请求。至于被申请人关于因"搞错了对象"而要求对方赔偿损失的请求，仲裁庭建议其循其他法律途径解决。

三、评析

在民事审判实践中经常遇到原告所诉被告对象发生错误的情况，即原告所诉被告与原告所诉之请求及理由之间无事实上或法律上的利害关系。对于这种情况应如何处理，现行的《民事诉讼法》无明确的规定，因而在具体操作上不相一致，大体是三种做法：第一种做法是动员原告先撤诉，然后起诉正确的被告；第二种做法是裁定驳回原告的起诉；第三种做法是向原告作必要的释明，由原告申请更换被告，如原告不申请变更被告，则在庭审后判决驳回原告的诉讼请求。但是，在仲裁实务中，申请人（原告）搞错被申请人对象（被告）的情形不多见，因为仲裁双方当事人是存在合同关系的，是相对固定的，双方在签订合同时就一般会清楚对方的身份（包括姓名、名称等内容）。在本案中，申请人在没搞清交易对手身份的情况下，就贸贸然允许对方提货且赊账，凸显了申请人的法律意识、合同意识淡薄。

本案中，申请人与被申请人不存在任何法律上或事实上的利害关系，申请人的请求被驳回后，被申请人可以直接向人民法院起诉原申请人。原申请人的行为属于民事侵权行为，应当承担赔偿责任。

其他业主违建，开发商就可以拒绝办理房产证吗

——肇庆某楼盘逾期办证案

申请人：郑某某

被申请人：肇庆某房地产开发公司

一、案情

申请人（购方）与被申请人（售方）于2012年12月签订《商品房买卖合同》，约定申请人购买被申请人开发建设的位于金某花园第1栋12层05房，该房建筑面积为82.5平方米，单价按套内建筑面积每平方米5 300元计，合共总价为人民币叁拾柒万零捌佰肆拾壹元（370 841元）。合同还约定：出卖人（被申请人）应当在2013年3月30日将经验收合格、买受人（申请人）付清相关款项、税费及办妥相关手续的商品房交付给买受人使用；出卖人应当在商品房交付使用后540日内，将办理权属登记需由出卖人提供的资料报产权登记机关备案。如出卖人未能在商品房交付使用后540日内协助办理房屋权属登记，则由出卖人按已付房款每日万分之一的金额支付违约金。但房屋交付使用至今已有近三年，被申请人仍未能办理房产权属证。申请人提起仲裁，要求被申请人支付违约金7.7万元，并马上协助办理房产权属证。

二、审理

仲裁庭审理后查明，申请人的陈述基本属实。而被申请人辩称：由于小区内存在其他住户违建问题而不能通过规划部门的验收，不能办证不属于己方的责任。仲裁庭审理后，裁令被申请人两个月内协助办证并按合同约定承担逾期办证违约金。

三、评析

相对性是债的关系的基础。债是特定的法律关系，债权人和债务人都是特定的，债权人只能向特定的债务人主张权利，债务人也只能向特定的债权人履行义务，即使由于第三人的行为造成债务人不能履行义务，债务人也不能以此为由向债权人抗辩。《民法通则》第 84 条规定："债是按照合同的约定或者依照法律的规定，在当事人之间产生的特定的权利和义务关系。享有权利的人是债权人，负有义务的人是债务人。债权人有权要求债务人按照合同的约定或者依照法律的规定履行义务。"债的特定性，是指只有合同的双方当事人才受合同权利义务的约束，也就是合同的相对性原则。本案购房合同只对合同的双方当事人产生约束力，不能对合同以外的第三人产生约束力。小区的其他住户，不是本案购房合同的当事人，发展商（售房者）不能以其他住户的行为抗辩合同相对人。如果发展商（售房者）认为其他住户的行为造成了发展商不能办理房产权属证，发展商（售房者）应循其他法律途径主张权利。

合同被判无效后,各方责任如何划分

申请人:肇庆某建筑公司
被申请人:广州某工程队

一、案情

申请人肇庆某建筑公司是总承包商,承包了某楼宇(20层)的建设。2012年4月申请人与被申请人签订协议,申请人将给排水和电路管线项目分包给被申请人,工期四个半月,工程总价款110万元,按进度付款。申请人付款60万元后,被申请人组织人员进驻场地开始施工。工程至2012年9月完工,验收时发现房屋水管多处漏水。随后又发现,电路管线项目部分质量严重不合格,存在歪曲、有缝隙、松动、不均匀、不对称等问题。申请人于是提起仲裁,请求裁令被申请人支付违约金12万元,并负责修复工程直至合格。

二、审理

肇庆仲裁委受案后,委托建设监理公司对案涉工程进行鉴定,认定案涉工程价值93万元,该工程质量不合格部分修复需费用28万元。同时,调查查明被申请人在工商行政管理部门办理营业执照,但没有办理建设工程资质。被申请人辩称:申请人在签订合同时就知悉被申请人没有工程资质,由此造成的责任应由申请人承担,并反请求申请人支付工程尾款50万元。仲裁庭经过审理,认定申请人与被申请人签订的协议无效,并裁决如下:
(1)裁令申请人向被申请人支付工程款33万元;
(2)工程修复需费用28万元由申请人与被申请人各承担50%;
(3)仲裁费用1.7万元由申请人与被申请人各承担50%。
(4)驳回申请人与被申请人的其他仲裁请求。

三、评析

此案主要涉及两个法律问题,一是合同有效性的认定,二是无效合同的责任划分。《民法通则》规定"签订合同的当事人,应具有相应的民事行为能力"。对外从事经营活动,应持有工商行政管理部门核发的证照。此外,一些特殊行业的经营,还必须办理相应的资质或特别许可。《最高人民法院关于审理建设工程施工合同纠纷案件适用法律问题的解释》第1条规定"建设工程施工合同具有下列情形之一的,应当根据合同法第五十二条第(五)项的规定,认定无效:(一)承包人未取得建筑施工企业资质或者超越资质等级的;(二)没有资质的实际施工人借用有资质的建筑施工企业名义的……"被申请人不具备经营主体资格而擅自承揽建筑装修工程,其与申请人所达成的合同因被申请人不具备相应的民事行为能力而成为无效合同,根据合同法规定,该合同自始没有法律效力。

无效合同的法律后果主要有:①返还财产。合同被确认无效后,双方应将财产关系回复到合同订立前的状态,已从对方取得财产的一方,应将所取得的财产返还给对方。申请人已将工程款支付给被申请人,被申请人本应全部予以返还,但被申请人已做的装修工程部分已与申请人的房屋相结合,成为房屋的添附价值,本案中返还财产不具现实意义,故此部分工程款无需返还。按照工程价值93万元扣除已支付的60万元后,余款33万元应由申请人支付给被申请人。②赔偿损失。凡因无效合同的订立和履行使当事人蒙受财产损失的,有过错的一方应当赔偿对方的损失,双方均有过错的各自承担相应的责任。因本案施工质量不合格而导致申请人所需付出的修复费用28万元,属于"因无效合同的订立和履行"使申请人蒙受的财产损失,对此无效合同双方均有过错,各自承担相应的责任,仲裁庭裁令各自承担50%。

开发商跑路，
施工方可否对未完工程享有优先受偿

申请人：广州市某消防工程有限公司肇庆分公司
被申请人：肇庆市某房地产发展有限公司

一、案情

2014年2月24日，申请人与被申请人签订《消防安装施工承包合同》，约定由申请人以大包干造价的形式承包被申请人位于肇庆市建设一路南侧某楼盘的消防工程项目，工程含税总造价为2 125 000元，被申请人应在工程完成50%工程量后支付合同总价50%工程款，在取得《消防验收合格意见书》之后，再支付工程总造价97%工程款，剩余3%在保修期满10个工作日内办理保修终结手续的15天内支付完毕给申请人，并约定如发生纠纷双方协商不成，可向工程所在地提起仲裁。合同签订后，申请人按照约定对上述项目进行消防工程施工。但在施工过程中，被申请人出现资金链断裂，整个楼盘处于停工状态。申请人认为，被申请人已经丧失继续履行合同的能力，要求解除合同，并且要求被申请人支付相应的工程款。申请人承包了被申请人位于肇庆市建设一路南侧某楼盘的消防工程项目，根据相关法律的规定，承包人对建设工程价款享有优先受偿权。在与被申请人沟通无果的情况下，唯有提起仲裁，希望依法作出裁决，维护申请人的合法权益。提出以下仲裁请求：①请求裁决解除双方签订的《消防安装施工承包合同》；②请求裁决被申请人清偿其所欠申请人的工程款1 388 210.87元以及从仲裁申请日起按照同期银行贷款利率计算逾期利息至还清所欠款项为止；③请求裁决被申请人承担本案的所有仲裁费用；④确认申请人对该工程项目的折价或拍卖款享有优先受偿权。

肇庆仲裁委于2016年6月28日立案受理了申请人的仲裁申请。被申请人未作答辩，也未出庭。

二、审理

本案经开庭审理，本案仲裁庭查明，申请人所述基本属实。由于被申请人未依约支付第一期工程款，申请人在完成一半多的工程量时于 2014 年 12 月停工至今。2016 年 12 月 26 日，广东德骏工程项目管理有限公司受申请人委托，就申请人本案所涉工程已完成的工程量及造价进行鉴定，出具《工程造价鉴定意见书》，鉴定意见：案涉消防安装工程已完成工程量 61.2%，工程造价为 1 301 530.9 元。其中，材料及人工费用为 1 189 544 元。2017 年 1 月 6 日，广东德骏工程项目管理有限公司就更正上述《工程造价鉴定意见书》的数字错误，又出具《工程造价鉴定意见书》一份，鉴定意见：富士花园消防安装工程已完成工程量 61.2%，工程造价为 1 420 261.9 元，其中，材料及人工费用为 1 189 544 元。被申请人未出庭抗辩，仲裁庭对申请人提供的证据全部予以采信，裁决如下：

（1）解除申请人与被申请人于 2014 年 2 月 24 日签订的《消防安装施工承包合同》；

（2）被申请人向申请人支付工程款人民币 1 388 210.87 元及利息（利息按照中国人民银行同期银行贷款利率，自 2016 年 6 月 24 日起计至被申请人付清工程款之日止）；

（3）申请人在工程款人民币 1 189 544 元的范围内对被申请人位于肇庆市建设一路南侧佰爵金殿楼盘的消防工程所涉折价或拍卖款享有优先受偿权；

（4）驳回申请人的其他仲裁请求；

（5）本案仲裁费共计 19 000 元，由被申请人承担。

三、评析

本案有两个主要的法律问题，一是缺席仲裁，二是未竣工工程款的优先受偿权问题。

（一）缺席仲裁

被申请人（发展商）深陷三角债，资金链断裂，未能依约支付工程款，楼盘工程中止，项目处于停工状态。而更为被动的是，该楼盘已经预售了多套商品房，逾期未能交房。被申请人面对业主、施工队和其他债权人的多方追讨，就玩起了"躲猫猫"，仲裁庭经依法传唤，被申请人拒不出庭，仲裁庭只能缺席仲裁。缺席仲裁是指开庭审理案件时，仲裁庭在一方当事人未到庭的情况下，仅就到庭的一方当事人进行询问，核对证据，听取意见后，依法作出仲裁裁决。《仲裁法》第 42 条第二款规定:"申请人经书面通知,无正当理由不到庭或者未经仲裁庭许可中途退庭的,可以视为撤回仲裁申请。被申请人经书面通知,无正当理由不到庭或者未经仲裁庭许可中途退庭的,可以缺席仲裁。"由此可见,我国在仲裁实践中只对被申请人进行缺席仲裁,至于申请人缺席时视为申请人撤回仲裁申请,这一点与法院审理某些案件有所不同。当然,当被申请人提出反请求时,对申请人也会采取缺席审理。但此时申请人与被申请人在相当于一个新请求的反请求下的地位已经发生了转换。

在缺席仲裁的情况下,由于没有被申请人出庭质证,仲裁庭对申请人的请求和提供的证据进行表面查证核实,对形式上无瑕疵的予以表面上的认可。该缺席裁决发生完全的法律效力。尽管这种认可与事实可能存在误差。但因为仲裁庭毕竟要公正地对待双方,而不能做缺陷被申请人的代理人。对被申请人作出缺席仲裁是对被申请人明知对方的权利不能得以实现,或是被申请人对于自身的权利不加关心而受到的惩罚。仲裁庭在实际审理案件的过程中,一般还是倾向于鼓励缺席的一方出庭,为此给予该方尽量"适当的通知",包括尽可能地让缺席的一方清楚地知晓案件的进程,以及不参加开庭的后果。

(二)建设工程价款优先受偿权

《合同法》第 286 条规定:"发包人未按照约定支付价款的,承包人可以催告发包人在合理期限内支付价款。发包人逾期不支付的,除按照建设工程的性质不宜折价、拍卖的以外,承包人可以与发包人协议将该工程折价,也可以申请人民法院将该工程依法拍卖。建设工程的价款就该工程折价或者拍卖的价款优先受偿。"这一规定确立了我国的建设工程价款优先受偿权制度,但并未明确是指竣工工程还是未竣工工程、优先受偿权的范围包括什么价款、行使优先受偿权的期限是多少。

2002 年最高人民法院公布施行了《关于建设工程价款优先受偿权问题的批复》(以下简称《批复》)部分回答了这些问题,《批复》第 3 条规定:"建筑工程价款包括承包人为建设工程应当支付的工作人员报酬、材料款等实际支出的费用,不包括承包人因发包人违约所造成的损失。"第 4 条规定:"建设工程承包人行使优先受偿权的期限为 6 个月,自建设工程竣工之日或者建设工程合同约定的竣工之日起计算。"

现行的理论和司法实践主要将建设工程优先权限制在已竣工工程范畴内,而实际上拖欠工程款主要发生在烂尾楼的情形,如果将未竣工工程排除在建设工程优先权之外,则明显的不利于对承包人利益的保护,也有悖于立法初衷。因工程无法竣工而行使建设工程优先权的情形主要有几种:一是合同无效导致工程未竣工;二是合同解除导致的工程未竣工;三是发包人进入破产程序导致的工程未竣工。主张建设工程优先权的条件有两个:一是发包人未按约定支付工程价款;二是建设工程承包人行使优先权的期限为六个月，自建设工程竣工之日或者建设工程合同约定的竣工之日起计算。

从《批复》中，我们还可以得出这样的结论：在审理房地产纠纷案件中，债权的清偿顺序由先到后是消费者购买商品房的价款、工程承包人的工程价款、抵押债权、其他债权。

无法按期收楼，购房者该如何追讨损失

申请人：苏某某
被申请人：肇庆市某某置业有限公司

一、案情

申请人的《仲裁申请书》称：2015年4月1日，申请人与被申请人签订《房屋买卖合同》（以下简称《合同》）一份，约定申请人向被申请人购买被申请人开发的位于肇庆市端州区古塔南路的某某公寓酒店第三层331单元B1房型，建筑面积79.25平方米，套内面积60.85平方米，总价款为851 462元（人民币，下同）整，申请人一次性向被申请人支付全部价款；被申请人应于2015年10月30日前将商品房交付给申请人。合同签订后，申请人依约向被申请人支付了全部购房款人民币851 462元，但被申请人至今仍没有通知申请人进行房屋交付。据申请人向房管部门了解，涉案房屋早于涉案合同签订时已经抵押给银行，因此被申请人至今未能交付房屋给申请人使用。申请人认为，申请人在合同签订后依约履行了付款义务，被申请人理应依约向申请人交付房屋并协助办理不动产权属登记，但被申请人在合同签订时故意隐瞒涉案房屋已经抵押的事实，也至今未能依约向申请人交付房屋，严重损害了申请人的经济利益。为维护申请人的合法权益，申请人特向本会提起仲裁。

申请人的仲裁请求为：

（1）依法裁决解除申请人与被申请人于2015年4月1日签订的《合同》；

（2）依法裁决被申请人立即向申请人返还已支付的购房款人民币851 462元及利息（利息从2015年7月3日起按中国人民银行同期贷款利率计算至付清全部购房款之日止）；

（3）依法裁决被申请人立即向申请人赔偿损失851 462元；

（4）依法裁决本案仲裁费用由被申请人承担。

二、审理

经开庭审理,根据申请人的陈述、举证以及庭审调查情况,仲裁庭查明,申请人的陈述基本属实。仲裁庭发现,在《合同》中,其中一页载明该房屋处于"融资"状态,而且该页面与其他页面颜色不一致。申请人述称,买方签字后将合同交予卖方盖章,过几天后再交付《合同》给买方,在此过程中该页面是被卖方调包了,据此推定卖方"故意隐瞒案涉房屋已经抵押的事实"。但仲裁庭对申请人以合同纸张颜色不一致为由推定卖方"故意隐瞒案涉房屋已经抵押的事实"的主张不予采纳。所以,仲裁庭对申请人的第(3)项请求不予支持外,对其他请求悉数支持。

三、评析

(一) 关于赔偿损失问题

在商品房买卖关系中,如卖方未能如期交楼,买方的利益必然受损。买方如何索赔损失?通常有几个计算方法,一是主张支付违约金,这需要有合同的约定为依据;二是参照人民银行的贷款利率计算赔偿损失,这需要在合同没约定违约金的前提下才适用;三是参照该地区该地段的同类房屋租金计算赔偿损失,这也需要在合同没约定违约金的前提下才适用。所以,购房者应该了解有关法律的规定,经过权衡后,从维护自己利益的最大化原则出发主张权利。在以上案例中,如果申请人主张按照该地段的租金计算赔偿损失的话,对自己更为有利。该案中,申请人的代理律师没主张该项权利,而是主张按照银行利息计算损失,仲裁庭本着中立的立场原则不主动适用给付租金的赔偿办法。所以,代理律师的水平高低和责任心如何,对当事人的利益至关重要。

(二) 关于隐瞒房屋重大事实问题

如果房屋销售者在销售房屋时,隐瞒了房屋的重大事实,是需要按照已付购房款一倍的数额赔偿买方损失的。那么,"房屋的重大事实"包括哪些内容?根据《最高人民法院关于审理商品房买卖合同纠纷案件适用法律若干问题的解释》第9条规定,这些"重大事实"包括:①没有取得商品房预售许可证明的事实或者提供虚假商品房预售许可证明;②所售房屋已经抵押的事实;③所售房屋已经出卖给第三人或者为拆迁补偿安置房屋的事实。本案中,仲裁庭认为,销售合同已载明楼房处于"融资"状态,虽然该页面与其他页面颜色不一致,但申请人关于卖方"故意隐瞒所售房屋已经抵押的事实"的事实依据不足,仲裁庭对申请人该项仲裁请求不予支持。

虚假投标后，合同推倒重来吗

——提供虚假材料谋取中标的合同纠纷案

申请人：肇庆市某某卫生管理中心
被申请人：肇庆市锦某某汽配贸易公司

一、案情

被申请人自 2012 年起向申请人提供汽车轮胎供货服务。后来按照政府采购管理规定，2014 年 2 月经过招投标后被申请人进入政府采购供货单位名录。2014 年 3 月，申请人、被申请人双方签订《汽车轮胎供应采购协议书》，被申请人继续向申请人提供汽车轮胎供货服务。后来，在供应采购过程中，申请人发现被申请人所提供的轮胎货物价格远远高于市场价格，致使申请人多支付给被申请人货款人民币 427 450 元。

申请人提出的仲裁请求：
（1）要求解除合同；
（2）裁令被申请人立即向申请人赔偿经济损失人民币 427 450 元；
（3）裁令被申请人承担本案的仲裁费用。

被申请人辩称，申请人与被申请人之间的交易完全基于平等自愿、友好协商、公平交易的原则进行，双方的交易是合法有效的，依法受到法律保护，所以申请人请求被申请人赔偿从 2014 年 3 月至 2014 年 8 月的差额是缺乏事实与法律依据的。

二、审理

仲裁庭经过审理查明，就被申请人的价格虚高问题，申请人曾向物价部门投诉。价格监管部门调查后认定，被申请人向申请人提供的轮胎货物远远高于市场价格。政府采购行政主管部门作出了处罚决定，认为被申请人 2014 年 2 月在参加采购汽车轮胎供应商采购项目的竞争性谈判中,在投标文件中提供有虚假内容的产品规格材料,构成了提供虚假材料谋取中标的违法行为的事实,并对其进行处罚。仲裁庭审理后裁定,双方签订的《汽车轮胎供应采购协议书》无效,终止履行,并支持了申请人的其他仲裁请求。

三、评析

(一) 关于无效合同

我国《合同法》第 52 条规定:"有下列情形之一的,合同无效:(一)一方以欺诈、胁迫的手段订立合同,损害国家利益;(二)恶意串通,损害国家、集体或者第三人利益;(三)以合法形式掩盖非法目的;(四)损害社会公共利益;(五)违反法律、行政法规的强制性规定。"第 56 条规定:"无效的合同或者被撤销的合同自始没有法律约束力。"仲裁庭认为本案被申请人提供虚假材料谋取中标,其与申请人签订的《汽车轮胎供应采购协议书》无效,应终止履行。

(二) 关于证据问题

我国《民事诉讼法》第 63 条对证据类型作了规定。书证是民商事纠纷中最为常见的证据。根据《民事诉讼法》第 69 条所规定:"法律事实和文书,人民法院应当作为认定案件事实的根据。但有相反证据足以推翻公证证明的除外。"最高法院《民事证据规定》第 9 条规定:"下列事实,当事人无需举证证明:……(四)已为人民法院发生法律效力的裁判所确认的事实;(五)已为仲裁机构的生效裁决所确认的事实;……。前款(一)、(三)、(四)、(五)、(六)项,当事人有相反证据足以推翻的除外。"

最高人民法院《民事诉讼法的解释》第 114 条规定:"国家机关或者其他依法具有社会管理职能的组织,在其职权范围内制作的文书所记载的事项推定为真实,但有相反证据足以推翻的除外。"在本案中,仲裁庭直接采信了政府价格监管部门、采购主管部门的调查处理决定书作为证据,从而作出裁决。

租赁权可以抗辩抵押权吗

申请人：李某某
被申请人一：江某某
被申请人二：肇庆市某某物业租赁有限公司

一、案情

申请人李某某提出仲裁请求称：位于肇庆市某两处商铺（共约1 500平方米）原为申请人及其丈夫、儿子于2011年12月向发展商购买的。2013年1月16日，申请人将上述标的商铺在内的若干商铺转让给被申请人一，双方签订了《转让合同》，商铺作价5 000万元。被申请人一先后支付了4 300万元房款，尚欠700万元；同时因资金周转困难，被申请人一又向申请人借款300万元，用于支付办证契税等费用。签订《转让合同》后，上述商铺于2013年6月15日确权到被申请人一的名下，2013年6月26日取得产权证。被申请人一共欠申请人1 000万元。

对于被申请人一欠申请人1 000万元债务的偿还问题，双方商定由被申请人一将包括上述标的商铺在内的房地产出租给申请人使用，租赁期限自确权之日起至2028年5月31日共15年；被申请人一以上述房地产15年的租赁权（包括转租权）抵偿所欠申请人借款本金及利息。为此双方于2013年6月1日签订了《租赁合同》，该合同还约定申请人在转租时可根据承租方要求，以产权人被申请人一名义订立租赁合同及代开租赁发票，租金归申请人所有，租金税费亦由申请人承担。

申请人取得标的商铺的租赁权后，积极招租联系客商。2013年9月13日，申请人（及其儿子李J）和被申请人一共同与被申请人二签订一份《租赁合同》，约定由被申请人二承租肇庆市某建筑面积2 699.72平方米的物业，其中包含被申请人一名下的涉案商铺。

被申请人二租赁上述物业，是提供给肇庆市某机关服务大厅所用，由于被申请人一已将标的商铺租赁给申请人抵偿借款，申请人完全有权以自己的名义与被申请人二签署租赁合同，但为配合被申请人二向地税部门投标，租赁合同必须以产权人被申请人一的名义签署。为此，被申请人一与申请人共同声明，因被申请人一已将标的商铺租赁给申请人抵偿借款，被申请人一、申请人以及李 J 于 2013 年 9 月 13 日共同与被申请人二签订的《租赁合同》是申请人为了配合投标所用（因产权人是被申请人一），但租金实际归申请人所有（印花税及发票由申请人办理），并要求被申请人二将《租赁合同》的出租方变更为申请人，重新签署租赁合同。

2014 年 10 月 28 日，被申请人一出具公证委托，明确申请人在标的商铺确权之日起有权以委托人名义出租标的商铺及收取租金，也明确了申请人在标的商铺确权之日起的租赁权益。同时要求被申请人二将其名下的租金直接支付给申请人，并再次要求被申请人二协助将《租赁合同》的出租方变更为申请人，重新签署租赁合同。被申请人二收到通知后，虽然从 2015 年 1 月 10 日开始将被申请人一名下的租金直接支付给申请人，但却以种种理由拒绝与申请人重新签署租赁合同。

申请人认为，被申请人一为偿还向申请人购买商铺所形成的债务，将其名下物业出租给申请人并以 15 年的租金抵顶欠款本金和利息，是其自身权利的合法处分。双方签署协议后，申请人取得标的商铺的租赁权和转租权。2013 年 9 月 13 日和被申请人二签订《租赁合同》所涉及标的商铺租赁虽然是以产权人被申请人一的名义签署，但实际的租赁权益属于申请人。假如被申请人二在肇庆市地方税务局办税服务大厅竞标中标后与申请人重新签署租赁合同，或者以补充协议方式明确标的商铺租赁权益实际归于申请人，双方是不会有纠纷的。而被申请人二表示，申请人和被申请人一之间的瓜葛与他们无关，不愿意重新签署合同确认申请人的租赁权益。据了解，被申请人一的生意已面临困境，资金周转十分困难，债权人随时向其主张权利。《租赁合同》所涉及标的商铺租赁权益实际上虽然归申请人，但依然挂在被申请人一的名下。被申请人二认为，可以按要求从 2015 年 1 月 10 日开始将被申请人一产权名下商铺的租金直接支付给申请人，但鉴于 2013 年 9 月 13 日《租赁合同》项下出租场地已经提供给肇庆某机关作服务厅用，以及政府采购项目对供应商资格要求，被申请人二不可能重新签署租赁合同，变更出租方。

在与被申请人二协商无果的情况下，为保障申请人的合法权益，依据《租赁合同》及仲裁协议，特提出仲裁申请，请求依法裁决：

（1）确认被申请人二支付给申请人的租金（含预期租金）属于申请人所有（自 2016 年 7 月份起至合同期满的总租金为 18 423 380.80 元）；

（2）申请人自愿承担本案全部仲裁费用。

二、审理

经开庭审理,仲裁庭查明:

(1) 申请人和被申请人一的商铺转让、返租等行为,以及被申请人欠申请人合计人民币1000万元,均有证据支持。申请人再将案涉商铺转租给被申请人二也有证据支持。仲裁庭确认以上事实。

(2) 肇庆市端州区人民法院于2015年3月6日,作出(2015)肇端法民一初字第136号判决书,判决中国农业银行股份有限公司肇庆分行对被申请人一提供作借款抵押物的上述案涉商铺享有优先受偿(于2013年6月30日设定抵押登记)。该《民事判决书》没有上诉,已经生效,案件已经进入执行阶段。用于抵押的全部房产均已经被查封,且存在被湛江市霞山区人民法院、湛江市中级人民法院、广州市海珠区人民法院、肇庆市端州区人民法院等多个法院查封和轮候查封的情形。

(3) 被申请人二于2016年7月,收到肇庆市端州区人民法院的通知,要求协助截留2013年9月13日《租赁合同》中被申请人一产权名下出租物业的租金收入。由于自2015年1月10日开始被申请人一产权名下出租商铺的租金已由申请人收取,故被申请人二去函法院如实反映情况并表示无法协助,同时也将上述情况告知了申请人。

(4) 被申请人二现已按照2013年9月13日《租赁合同》约定支付了被申请人一产权名下的含税租金4 895 919.19元。

根据以上查明的事实,仲裁庭裁决驳回申请人的全部仲裁请求。

三、评析

(一) 买卖不破租赁

申请人的仲裁请求的法理依据是"买卖不破租赁"。买卖不破租赁,意思是指在租赁关系存续期间,即使所有权人将租赁物转让给他人,对租赁关系也不产生任何影响,买受人不能以其已成为租赁物的新的所有人为由否认原租赁关系的存在并要求承租人返还租赁物。我国法律有明确的规定,《合同法》第229条规定:"租赁物在租赁期间发生所有权变动的,不影响租赁合同的效力。"《最高人民法院关于审理城镇房屋租赁合同纠纷案件具体应用法律若干问题的解释》第20条规定:"租赁房屋在租赁期间发生所有权变动,承租人请求房屋受让人继续履行原租赁合同的,人民法院应予支持。"大多数学者认为,我国《合同法》第229条所确定的买卖不破租赁原则应当仅限于房屋等不动产的租赁。

（二）租赁权抗辩抵押权

根据"买卖不破租赁"的原则，租赁权在一定程度上可以抗辩物权（包括抵押权）。但是，租赁权抗辩抵押权是有限制的，租赁关系的设立必须早于抵押关系。那么，除此之外，"买卖不破租赁"的原则是否存在例外？

本案存在两个租赁关系，一是申请人与被申请人一根据2013年6月1日租赁合同而设立的租赁关系，二是申请人、被申请人一与被申请人二根据2013年9月13日租赁合同而设立的租赁关系。本案的涉案标的还存在一个抵押关系，即被申请人一与案外人于2013年6月30日设立的抵押关系。本案的仲裁庭并没采纳买卖不破租赁的原则而支持申请人的仲裁主张。仲裁庭驳回申请人的仲裁请求，主要基于以下考虑：一是拍卖的不确定性。因不清楚法院在对本案商铺拍卖时采取保留租赁权进行拍卖（即"带租约拍卖"），抑或是将涉案房产上的租赁权去除后再依法拍卖（即"不带租约拍卖"）；也不清楚法院会带2013年6月1日《租赁合同》的租赁关系拍卖，抑或是带2013年9月13日《租赁合同》的租赁关系拍卖。这些都具有极大的不确定性。同时，无论法院以何种方式执行拍卖，都将与本案的仲裁请求产生不协调。二是租金收入的不确定性。就申请人的仲裁请求而言，其请求自2016年7月起至租赁合同期满（2028年5月31日）的总租金18 423 380.80元归申请人所有，该预期收益有极大的不确定性，即无法确定未来的租期实际履行时间以及未来的租金实际发生数额。三是从立法目的来看，租赁权只有在实际占有的前提下才能抗辩抵押权。买卖不破租赁规则设立的目的，是保护承租人的租赁权。通常认为，在一个租赁关系中，承租人是弱者，因此要给承租人更多的保障。所以，即使出租人把房子卖了，租赁关系仍然存在，买受人不可以破坏这个合同租赁关系。在本案第一个租赁关系中，申请人是承租方。而在本案的第二个租赁关系中，申请人是出租方。本案中，申请人并没实际占有租赁物，不符合关于保护弱者的立法精神。

复印件可否作为呈堂证供
——某房产销售合作纠纷案

申请人：邢某某
被申请人一：肇庆市某某置业有限公司
被申请人二：苏某某
被申请人三：谭某某

一、案情

（一）申请人的仲裁请求

被申请人一是一家房地产咨询策划、代理及销售公司，申请人则在楼盘营销策划、项目推广、培训、执行等方面具有丰富的工作经验。经友好协商，2015年10月31日，申请人与被申请人一签订《合作协议》，就双方正在服务和新承接的房地产楼盘的销售（策划）代理事宜，自愿结成合作伙伴关系。协议约定了对外由被申请人一与房地产开发商签订代理销售合同，对内则由双方共同经营，共担成本。代理所得利润按被申请人一占55%，申请人占45%的比例分成。初定合作期限一年，自2015年11月1日至2016年10月31日。在此期间，申请人与被申请人一共同代理销售的楼盘有2个，一个是广西梧州某某楼盘（以下简称梧州项目），另一个是肇庆鼎湖某某楼盘（以下简称鼎湖项目）。

梧州项目代理销售情况：

2015年11月1日，被申请人一与广西番山公司（以下简称番山公司）签订《番山集团梧州项目顾问服务合同》（以下简称《梧州合同》），由被申请人一作为番山公司梧州项目楼盘的营销策划服务商，负责该项目的代理销售等工作。顾问服务费由顾问月费（每月4万元）和销售顾问佣金（按每月销售成交总金额的大小以不同费率计算）两部分组成。根据《合作协议》内容，申请人进驻该项目，与被申请人一共同推广销售。2015年11月1日至2016年10月31日间，在申请人团队的努力下，该项目成功销售商品房 566 套，根据被申请人一与番山公司的服务合同（顾问月费后期有调整）约定，被申请人一应得顾问月费 420 000 元（人民币，下同），销售顾问佣金 1 395 968.99 元，合计 1 815 968.99 元。按《合作协议》约定，在扣减支出 1 154 303.47 元后，申请人按 45% 的分配比例，应分得利润 297 749.48 元。利润分配应按月结算 60%，季度结算 90%，待双方合作期满后 20 天内将剩余利润分配完毕。被申请人一却一直未将结算利润分配给申请人。在合作后期，被申请人一甚至连项目营销的财务数据也拒绝申请人查阅。

鼎湖项目代理销售情况：

鼎湖项目为被申请人一与肇庆鼎湖番捷公司（该公司与梧州项目的开发商系同一实际控制人）于 2014 年 6 月开始合作的项目，由被申请人一和第三方承担项目销售代理。由于销售进展迟缓，被申请人一处于亏损状态，故邀请申请人一起合作，为该楼盘的销售进行策划和推广。合作期自 2016 年 1 月 1 日至 10 月 31 日。根据被申请人一与番捷公司《番山集团鼎湖项目销售代理合同》（以下简称《鼎湖合同》）约定，该项目销售代理佣金根据各期完成的销售率，按不同的比例予以结算。申请人与被申请人一合作期间，共代理销售该项目"公寓 1 号楼" 133 套（代理佣金 354 436.29 元）；洋房 2 号楼 6 套（代理佣金 59 177.50 元）；洋房 3 号楼 89 套（代理佣金 576 647.21 元）；洋房 5 号楼 91 套（代理佣金 649 736.8 元），合计代理佣金 1 639 997.8 元，在扣除总支出 395 016.43 元后，申请人按 45% 的分配比例，应得利润为 560 241.62 元。但被申请人一一直隐瞒销售数据，拒绝结算利润给申请人。2016 年 10 月 31 日（合作期届满日），申请人以特快专递形式向被申请人一发出《解除合作协议告知书》，正式终止双方的合作关系。

合作关系终止后，申请人多次要求结算协议约定的应得利润，但被申请人一以种种理由拒绝。另外，在协议履行期间，被申请人一违反约定，将代理梧州项目应得佣金收入直接转入其法定代表人（被申请人二，也是公司股东）的个人账户，由其个人任意支配。根据《中华人民共和国公司法》第 20 条第 3 款"公司股东滥用公司法人独立地位和股东有限责任，逃避债务，严重损害公司债权人利益的，应当对公司债务承担连带责任"的规定，被申请人二应对被申请人一的上述债务承担连带清偿责任。

1996 年 3 月 21 日，被申请人二与被申请人三登记结婚，至今两人婚姻关系存续。依据《最高人民法院关于适用〈中华人民共和国婚姻法〉若干问题的解释（二）》（以下简称《婚姻法司法解释（二）》）第 24 条"债权人就婚姻关系存续期间夫妻一方以个人名义所负债务主张权利的，应当按夫妻共同债务处理"的规定，被申请人三应对被申请人二在与其婚姻关系存续期间所产生的债务承担连带清偿责任。

综上，三名被申请人的行为已构成违约，损害了申请人的合法权益，特提出仲裁申请，请依法裁决。申请人具体仲裁请求：

（1）被申请人一立即向申请人支付应得利润人民币857 991.10元（其中梧州项目应得利润297 749.48元，鼎湖项目应得利润560 241.62元），逾期付款违约金6 842.48元，合计864 833.58元（逾期付款违约金按人民银行规定的金融机构计收逾期贷款利息的标准，自2016年12月1日起暂计至2017年1月13日，之后违约金按此标准计至所有拖欠款项付清为止）；

（2）被申请人二为被申请人一上述债务承担连带清偿责任；

（3）被申请人三为被申请人二上述债务承担连带清偿责任；

（4）三名被申请人共同承担本案仲裁受理费、处理费、保全费、公告费、查档费等全部仲裁费用。

（二）被申请人一答辩

被申请人一答辩称：

（1）被答辩人主张分配利润及支付逾期违约金没有事实和法律依据。虽然双方签订了《合作协议》，但因被答辩人未依约履行出资义务，亦未带来团队或者以其他形式出资合作，双方并无实际合作代理房产销售项目。双方最后形成的不是合作关系而是转化为雇佣关系。答辩人聘请被答辩人为答辩人的项目提供劳动服务，答辩人每月向被答辩人支付工资和购买社会保险。被答辩人以员工身份提供劳务。

（2）被答辩人大部分证据无原件，证据来源不明，不具有真实性。答辩人法定代表人多次查找均未找到被答辩人所述"证据"材料原件或复印件。被答辩人无证据证明这些复印件的原件由被答辩人持有。根据《仲裁规则》和《最高人民法院关于民事诉讼证据的若干规定》（以下简称《证据若干规定》）的相关条款，被答辩人应对其主张的请求承担举证不能的不利后果。

（3）被答辩人的仲裁请求超出仲裁范围。其一，《合作协议》并未约定逾期付款违约金；其二，被申请人苏某某、谭某某与被答辩人不构成任何法律关系，故该二被申请人不是适格主体。被答辩人无证据证明被申请人二将答辩人财产用于个人支出或转移，不能证明答辩人与被申请人二之间构成财产混同。

综上所述，请求仲裁委依法驳回被答辩人的仲裁请求。

（三）被申请人二答辩

被申请人二答辩称：

（1）同意被申请人一的答辩意见。

（2）答辩人配偶对《合作协议》事项完全不知情，亦无同意仲裁的意思表示，故不是适格的被申请人，被答辩人将其列为被申请人超出仲裁范围。

请求仲裁委依法驳回被答辩人的仲裁请求。

(四) 被申请人三答辩

被申请人三答辩称:

(1) 答辩人非本案《合作协议》当事人,与被答辩人无任何法律关系,不是本案适格主体。

(2) 即使认为本答辩人有义务承担责任,但并未与被答辩人之间达成仲裁合意,故将本答辩人列为本案被申请人违反仲裁自愿原则。

(3) 假设被申请人二被认定需承担责任,被答辩人以《婚姻法司法解释(二)》第 24 条为依据要求答辩人承担连带责任也是错误的。因为根据《最高人民法院印发〈关于人民法院审理离婚案件处理财产分割问题的若干具体意见〉的通知》第 17 条所指的夫妻共同债务,应以日常家事代理为基础,除非构成表见代理,或配偶事后追认或分享了债务所带来的利益,否则不能认定为夫妻共同债务。

综上,请求仲裁委依法驳回被答辩人的仲裁请求。

二、审理

根据本案双方当事人的陈述,仲裁庭对本案争议焦点归纳为以下三点:

(1) 被申请人二和被申请人三在本案中的主体地位;

(2) 申请人提供的无原件证据的效力问题;

(3) 当事人对《合作协议》中约定的 2 个项目是否已实际履行。

经过审理,仲裁庭最后裁决如下:

(1) 被申请人一向申请人支付 851 148.52 元;

(2) 被申请人一承担本案仲裁受理费 11 559.4 元、处理费 1 491.2 元和财产保全费 4 932 元,此三项费用已由申请人预交,不予退还,由被申请人一迳付申请人;

(3) 驳回申请人第 2 项和第 3 项仲裁申请,驳回申请人其他仲裁请求。

三、评析

(一) 关于仲裁的适格主体问题

仲裁中的适格主体必须限定于仲裁协议(仲裁条款)当事人的范围以内,非仲裁协议当事人是不能作为适格主体的,这与诉讼有很大的区别。我国《仲裁法》第 4 条规定:"当事人采用仲裁方式解决纠纷,应当双方自愿,达成仲裁协议。没有仲裁协议,一方申请仲裁的,仲裁委员会不予受理。"

本案中,被申请人二苏某某作为被申请人一的法定代表人在《合作协议》

上签字，其身份是代表被申请人一而非代表其本人。无论是在《合作协议》签订时或双方发生纠纷后，苏某某作为自然人，均未与申请人是否采用仲裁方式解决双方纠纷达成一致，故《合作协议》中的仲裁条款应不及于苏某某。申请人根据《婚姻法司法解释（二）》第24条的规定，向本会提出追加苏某某的配偶作为本案被申请人三。虽然苏某某与被申请人三谭某某在《合作协议》签订时婚姻关系已存续，但谭某某并非本案当事人，亦从未与申请人达成接受本会仲裁的合意，本案相关协议中仲裁条款的效力应不及于案外人。且本会认为苏某某并非本案适格主体，其配偶在本案中也不存在仲裁管辖的前提条件。仲裁庭对申请人该项申请不予支持。

（二）关于仲裁审理范围

仲裁庭只能在当事人仲裁协议约定的范围内进行审理裁决，超出仲裁协议约定范围的事项，仲裁庭是无权审理的。我国《仲裁法》第16条规定："仲裁协议应当具有下列内容：（一）请求仲裁的意思表示；（二）仲裁事项；（三）选定的仲裁委员会。"本案中，当事人仅约定鼎湖项目与梧州项目的合同争议提交仲裁委仲裁。本案申请人关于被申请人二滥用公司法人独立地位损害公司债权人（即申请人）利益的事项，是另外的法律关系，并未在仲裁协议约定的仲裁范围内，故仲裁庭认为，仲裁庭认对此事项不予审理。

（三）关于复印件能否作为证据问题

本案的申请人提供了六组证据共三百多页，但绝大多数都是复印件或为对"原件"照片的复印件，或为对本案当事人双方往来电子邮件、电子扫描件或微信对话截图的复印件（即申请人与苏某某电话录音及电话记录截图），还有部分是申请人根据前述证据进行统计后自行制作的表格。三名被申请人方面没提供任何证据。这是本案的最大特色，也是本案最大的争议焦点。仲裁庭经过详细的研究讨论，最终决定采信申请人提供的六组证据（复印件）作为认定本案事实的依据。

以严格意义来衡量，申请人提供的证据确实并非原件。尽管申请人表示其中有部分是对"原件"拍照后复印所得，但这种对"原件"拍摄的照片毕竟不是原件本身，无法由对方查验核实。对其证明力的认定直接关系到本案核心争议焦点，即申请人是否已实际履行了《合作协议》中约定的参与梧州与鼎湖两个项目代理销售的义务。

仲裁庭基于对法律的认识，本案各当事人所处地位，以及当事人在本案特定环境下举证能力的强弱，来分析、判断和认定申请人提交的无原件证据的证明力。力求恪守认真、细致和严谨的工作态度，遵循诚实信用基本原则，在首先追求程序正义的前提下追求实体正义，也避免过于拘泥程序正义而损害实体正义。

仲裁庭认为：在一般情况下，当事人应对自己主张的事实举证，且应当提供证据原件。但这并非绝对化的规定。参照《人民法院民事诉讼风险提示书》第10条对不提供原始证据的后果作了说明:"当事人向人民法院提供证据,应当提供原件或者原物,特殊情况下也可以提供经人民法院核对无异的复制件或者复制品。提供的证据不符合上述条件的,可能影响证据的证明力,甚至可能不被采信。"这里使用"可能"一词,说明未经法院核对的证据复制件不是一概没有证明力,其证明力不被认定是有条件的。再参照最高人民法院《关于适用〈中华人民共和国民事诉讼法〉若干问题的意见》(以下简称《民诉法意见》)第78条"证据材料为复制件,提供人拒不提供原件或者原件线索,没有其他材料可以印证,对方当事人又不承认,在诉讼中不得作为认定事实的根据",以及最高人民法院《证据若干规定》第69条"无法与原件核对的复制件,如果是单独证据,不能作为认定案件事实的依据"。根据这两条规定可推知,未经人民法院核对的证据复制件不被认定的条件,一是有能力提供原件而故意不提供;二是没有其他证据材料(即单独证据)印证,三是对方当事人不承认。且这三点必须同时存在。反之,如果提供人确因客观原因无法提供,且证据复制件有其他材料互相印证,或者对方当事人认可,则该复制件的证明力就可以确认。

在本案中,被申请人代理人几乎否认了申请人提供的所有证据,这也是被申请人最大限度利用举证规则进行仲裁活动的行为。鉴于本案当事人处于完全不同的地位,客观上使得申请人无法取得相应的证据原件,但申请人有其他系列材料予以印证,而且最高人民法院在《民诉法意见》中并未特别要求"其他材料"也必须是原件。所以可以认为申请人提交的证据已基本满足了无原件证据证明力的前两个条件:

首先,《合作协议》是本案引发争议的基本证据,被申请人对其证据效力的真实性、合法性予以认可,对其关联性也未作实质性否认。其他证据应围绕该证据展开论证。

其次,《合作协议》相关条款的设计和实际操作过程,使得被申请人一处于强势地位,导致了申请人在客观上无法直接获取被申请人一对外所签合同和内部财务数据原件。《补充证据清单(二)》第四组证据,是申请人与苏某某电话录音,苏某某明确拒绝了申请人要求获得鼎湖项目销售数据的要求。但申请人通过其他途径取得的证据证明了这些证据材料确实客观存在。而且这些证据与《合作协议》的约定条款有明显的关联性。诸如被申请人单独与房地产开发商签订的2个代理销售合同、申请人工资的约定和实际发放、代理房产销售项目所产生的各项成本费用数据、申请人与被申请人之间的合作方式、申请人参与策划、设计和代理销售商品楼过程等等,多份证据之间有着较强的契合度和一致性,能够相互印证,所有证据均有明确的共同指向,即《合作协议》约定代理的梧州和鼎湖两个项目,各项证据间构成了基本可辨认的证据链。

再次,申请人提交的证据非常全面和详细,从代理销售项目内容看,小至某次营销项目的差旅费金额,大到代理销售合同,较为完整地反映了申请人参与梧州和鼎湖两个项目从营销策划、方案设计、代理销售、管理团队和购房者签约等各个环节和全过程;从项目代理时间看,即使争议较大的鼎湖项目,商品房代理销售成功签约的时间段也位于《合作协议》约定的合作期限内。所有这些证据,即使剔除重复部分仍有近 300 页,这些证据极为详尽,时间和指向高度一致,证据之间互相印证。仲裁庭对这些系列证据进行了梳理和分析,可以排除虚构证据的合理怀疑。

反观被申请人一方,或全部否认申请人提交的证据,或利用举证规则不予质证。如果说对消极证据不举证还有其一定的合理性,但对己方的主张和本可以更有力反驳对方主张亦拒不出示证据,令人怀疑被申请人手中确实握有对己方不利的证据而不愿出示。面对申请人的请求和举证,缺乏有说服力的反驳手段,突显了申请人所提交证据的可信性。申请人作为合作一方当事人,查询销售记录情况是其正当的权利,却遭到被申请人一的拒绝,被申请人一有违诚信原则。特别是面对申请人主张的 80 余万元分配利润请求,被申请人竟无一字回应,不符合正常人的思维方式和行为模式。

综上,仲裁庭有理由相信,申请人提交的上述无原件证据,原件就保存于被申请人一和苏某某手中。这些原件如果出示,可以预见对被申请人是多么的不利。所以也就不难理解为何被申请人一直拒绝举证。但被申请人符合举证规则的行为,并不代表其同时遵循了诚实信用这一民法基本原则。恰恰相反,被申请人的行为凸显其不当利用法律规则去企求获得不当利益。根据《仲裁规则》第 41 条"有证据证明一方当事人持有证据无正当理由拒不提供,如果对方当事人主张该证据的内容不利于证据持有人,可以推定该主张成立"的规定,仲裁庭对申请人提供的无原件证据证明力予以确认。

(注:本裁决书作出之后,被申请人一曾以对方当事人隐瞒证据为由申请人民法院撤裁,但被人民法院驳回)

业主无能力供楼退房，开发商向银行承担连带责任

申请人：某某银行
被申请人一：陆某某
被申请人二：某某花园开发有限公司

一、案情

2009年，陆某某在众多房地产项目中选中了某某花园的房子，并向某某银行某支行申请按揭贷款。2010年11月17日，银行向陆某某发放个人住房贷款55万元，贷款期限10年，月还款0.9万余元。陆某某以其购买的某某花园房屋作抵押，在抵押他项权证办妥前某某花园开发有限公司承担连带保证责任。

起初，陆某某主动交了一段时间的房屋贷款，然而自2012年9月起，他却不再向银行交"月供"了。由于陆某某已经逾期17个月没有交"月供"，银行遂提起仲裁请求，请求裁令解除按揭贷款合同，陆某某偿还贷款本金及利息，并由某某开发公司承担连带还款责任。

二、审理

仲裁庭查明，申请人的述称基本属实，案涉的房产虽然在合同里约定提交抵押，但由于该楼盘尚未办理整体验收，双方还没办理抵押手续，抵押权还没设立。陆某某已经逾期17个月没有交"月供"，累计欠款近17.6万元。仲裁庭裁决：陆某某偿还银行17.6万元本金及利息，某某花园开发有限公司承担连带保证责任。

裁决生效后，陆某某和某某花园开发有限公司均未自动履行义务，银行遂向法院申请强制执行。在执行过程中，法院执行人员向被执行人陆某某和某某花园开发有限公司分别发出执行通知，责令其自动履行义务。在法院强制执行的威慑

下,某某花园开发有限公司支付了涉案的本金、利息、罚息和案件受理费等共计18.8万余元。

根据法律规定,某某花园开发有限公司在履行连带责任后有权行使追偿权,向法院申请强制执行陆某某的财产。于是,某某花园开发有限公司在缴纳了17.6万元欠款后,随即向法院申请行使追偿权,申请执行业主陆某某拖欠的巨额房款。在执行中,执行员向被执行人陆某某发出执行通知,责令其自动履行义务。陆某某与某某花园开发有限公司达成和解协议,双方解除买卖合同,陆某某将所购房屋退还某某花园开发有限公司,该开发公司将购房款扣除相应垫付款后,退还陆某某共计35万余元,全部履行完毕。

三、评析

商品交易中,债权人为保证自己的债权得以实现,常常要求债务人提供保证担保,当债务人不履行债务时,债权人可以要求保证人以自己的财产向债权人履行义务(连带保证责任情况下)。或者,当债务人的财产已经不足以偿还债务时,债权人可以要求保证人承担保证责任(一般保证责任情况下)。当然,保证人就此可以向债务人行使追偿权,以补偿自己的损失。《中华人民共和国担保法》第十二条规定,已经承担保证责任的保证人,有权向债务人追偿。这是法律赋予保证人的追偿权。

那么,保证人如何行使其追偿权呢?依照最高人民法院对担保法的解释,保证人可以通过以下两种方式实现自己的追偿权:

(1)要求法院或仲裁庭在判决书或裁决书的主文中明确保证人的追偿权,保证人在承担保证责任后,可依法直接向债务人行使追偿权,要求债务人向保证人承担给付义务。

(2)保证人承担保证义务后,在其已承担保证责任的事实基础上,就其追偿权向人民法院提起诉讼,要求人民法院判决债务人向保证人履行给付义务,从而实现其追偿权。

此外,在有两个以上保证人提供的担保中,一个保证人履行完毕保证责任后,也可以向承担连带责任的其他保证人追偿其应当承担的份额,以减少自己的损失。

房屋认购定金可以返还吗

申请人：吕某某
被申请人一：德某房产经纪公司
被申请人二：富某房产公司

一、案情

被申请人德某房产经纪公司（以下简称德某公司）系肇庆市"某某观园"楼盘的代理销售商。2014年2月，富某房产公司委托德某公司销售"某某观园"的房屋。同年5月17日吕某某决定购买19号楼的132房。次日吕某某到德某公司交纳定金10 000元，德某公司给吕某某出具了收据，吕某某在房产认购单上签字。房产认购单上除写明吕某某所要购买的房号、面积、售价、首付款、签约时间外，还注明"签订本认购单后应携相关证件按时至指定地点办理签约，否则视为放弃认购权，客户所支付定金不予退还"及"定金不退"字样。

2014年5月23日，吕某某与德某公司洽谈房屋买卖合同的具体内容。洽谈中，吕某某要求在合同书中注明买方有权在所购房屋的南、北卧室外墙安装空调室外机。但德某公司以此项要求可能会造成楼房外观不美观、给其他业主带来不便等为由予以拒绝。故双方未签订房屋买卖合同。

吕某某诉至仲裁庭称：双方没有签订合同的原因过错在被申请人，故要求被申请人德某公司应双倍返还定金。又因德某公司系富某房产公司的代理销售商，委托授权不明确，故富某房产公司应承担双倍返还定金责任，德某公司承担连带给付责任。

二、审理

本案有两个争议焦点，一是吕某某所付10 000元定金是否返还？如何返还？二是富某房产公司应否承担连带责任？

仲裁庭审理后裁决：

(1) 被申请人二富某房产公司返还申请人吕某某定金人民币10 000元；
(2) 被申请人二承担本案仲裁费；
(3) 被申请人一德某公司对上述债务承担连带给付责任；
(4) 驳回申请人吕某某的其他仲裁请求。

三、评析

本案涉及三个法律问题：（1）申请人吕某某所付10 000元款项的法律性质；（2）未签订房屋买卖合同，当事人双方是否有过错；（3）富某房产公司是否应当承担法律责任。

（一）申请人吕某某交给被申请人德某公司的10 000元系立约定金

"定金"是指合同当事人为了确保合同的履行，依据法律规定或者当事人双方的约定，由当事人一方在合同订立时，或订立后、履行前，按照合同标的的一定比例，预先给付当事人的金钱，属于担保的一种形式。如果接受定金一方不履行约定的义务，要返还给交付定金一方双倍定金，如果交付定金一方不履行约定的义务，无权要求返还定金。

"立约定金"是指当事人为保证以后正式订立合同而专门设立的定金。此种定金不是合同成立的要件，也不是为了证明合同的成立而产生，而是为了保证在今后订立合同。在交付定金以后，如果一方不愿意与对方订立合同，就应接受定金罚则的制裁。我国《合同法》第115条、《担保法》第89条是关于定金的规定，对此规定法律界一般认为是兼有违约定金和立约定金的性质。《最高人民法院关于适用担保法的若干问题的解释》第115条规定："当事人约定以交付定金作为订立主合同担保的，给付定金的一方拒绝订立主合同的，无权要求返还定金；收受定金的一方拒绝订立合同的，应当双倍返还定金。"本案吕某某看房后向德某公司交付了定金，在德某公司提供的房产认购单上签了字，房产认购单中注明"签订本认购单后应携带相关证件按时至指定地点办理签约，否则视为放弃认购权，客户所支付的定金不予退还"和"定金不退"字样。

房产认购单是吕某某和德某公司（代表的富某房产公司）为今后签订房屋买卖合同而达成的一种房屋买卖预约，签署此单据后，德某公司作为代理销售商在吕某某和富某房产公司签订房屋买卖合同前不能再向其他人推荐购买此房，同时富某房产公司在和吕某某签订房屋买卖合同前也不得与他人签订以此房为合同标的物的房屋买卖合同，而吕某某也应当有和德某公司洽谈合同内容、签订合同的义务。吕某某在签署了房产认购单时交付德某公司10 000元定金，此款依据房产认购单的内容应认定为是吕某某与德某公司为保证吕某某在今后建立房屋买卖关系而交付的，是一种为保证今后能够建立合同关系的定金，符合《最高人民法院关于适用担保法的若干问题的解释》第115条关于"立约定金"的规定。"立约定金"系对双方所享有的信赖利益的担保，其法律效果是促使双方善意履行洽谈合同，进而最终签订合同的义务。但鉴于认购书未涵盖房屋买卖合同的全部基本条款，故认购行为并不妨碍双方对合同条款达成合意，只要双方善意履行了合同洽谈义务，即使未最终达成合意，立约定金罚责也不发生作用，除非能明确认定一方行为系非善意的拒绝签约。

（二）吕某某与富某房产公司未能签订房屋买卖合同，吕某某、德某公司、富某房产公司对此均无过错

吕某某在与德某公司商谈房屋买卖合同具体内容时，因为空调室外机预留位置问题产生分歧，双方未能达成一致意见，故吕某某和富某房产公司未能签订房屋买卖合同。

对于此结果的发生吕某某和德某公司、富某房产公司均无过错。理由如下：在"某某观园"的售楼书和商品房买卖合同文本中的房屋平面示意图中，对吕某某所要购买的19号楼132号房屋的南主卧室、北小卧室均未标注空调室外机的安装位置，公司带吕某某参观的与19号楼户型相同的23号楼每户的客厅内都预留了空调机管的圆孔。在《某某观园物业维修、使用、管理公约》中也明确规定"空调室外机安装在预留位置上"。吕某某作为房屋购买者，出于自身的消费能力和今后居住方便考虑，想入住后在客厅、南北卧室安装空调，当其在有关购买房屋的资料中没有看到空调室外机预留位置，而要求在合同中加以明确，理由正当，并无不妥。富某房产公司在设计房屋时应当结合实际预留空调室外机的位置。申请人所购买的房屋南北卧室（北卧室前凉台是开放的）前均有凉台，作为消费水平较高的购买者可以在南北卧室安装空调，室外机可放在凉台内，或者安装在凉台外墙壁上。由于富某房产公司只在客厅内做了预留孔，未预留南北卧室的安装空调机管的圆孔，其设计符合大众消费习惯，但不符合本案申请人的特别要求，在此问题上，富某房产公司无过错。德某公司在代表富某房产公司和吕某某谈合同时，因吕某某要求增加的内容可能会影响今后购买楼房人的利益或者整个楼房外观美感，故拒绝增加此条款并无不妥。吕某某、德某公司履行了洽谈合同内容的义务，但房屋买卖合同不能和一般商品的买卖合同相比，它具有价款较高、权利义务涉及范围较多、交付后不便调换等特点，故合同双方当事人在正式签订合同前对合同条款仔细推敲、反复商谈是正常的，吕某某、德某公司对于部分合同内容未达成一致意见均属签订合同过程中发生的正常现象，双方不存在拒绝订立合同问题，也不存在假借订立合同为获取更大的合同利益而故意与对方发生意见分歧。故虽然未签订合同，也不应适用《最高人民法院关于适用担保法的若干问题的解释》第115条关于立约定金罚则的规定，应当按照实际交付金额退还。

(三) 富某房产公司应当依法承担相应的法律责任

德某公司接受富某房产公司的委托,从事代理销售"某某观园"房屋工作,是富某房产公司的销售代理商。按照有关代理的民法理论,代理人在代理权限内以被代理人的名义实施法律行为,被代理人对代理人行为,承担民事责任。故富某房产公司应当对德某公司的销售"某某观园"所引起法律行为承担责任,即对德某公司在售楼中收取吕某某的定金应当返还一事承担责任。

另外由于富某房产公司给德某公司出具的销售委托书中只写明全权代理销售"某某观园"事宜,对于能否收取客户定金、收取吕某某的定金如何处理均没有约定。根据民法通则中关于委托权限不明时,被代理人应向第三人承担民事责任,代理人负连带责任的法律规定,结合本案,德某公司现仍占有吕某某的10 000元定金的事实,故德某公司应承担返还吕某某定金10 000元的连带给付责任。

关于两个案件的律师费，仲裁庭为何作出截然相反的裁决

一、案例一

申请人：梁某
被申请人一：胡某
被申请人二：高某
被申请人三：某某物流公司

（一）案情

申请人（梁某）申请仲裁称：2014年3月12日，被申请人一（胡某）因生产、经营资金周转为由向申请人借款，被申请人三（某某物流公司）自愿为被申请人一提供连带责任保证担保，各方经协商后签订了《担保借款合同》。合同约定：借款金额为人民币2 472 500元［实际借款金额以甲方（被申请人一）指定收款账户到账为准］，借款期限自2014年3月12日起至2014年4月12日止（具体以借款发放日计算），并约定了通过银行转账的方式收取借款。

2014年3月12日，申请人通过工商银行分两笔共转账230万元给被申请人一指定收款账户，即申请人实际出借230万元给被申请人一。而后，被申请人一仅在2014年4月16日还款60万元，2015年7月21日还款70万元。欠款100万元。

申请人认为，《担保借款合同》已经约定了利息按资金实际占用天数计算，虽未明确约定利率，但根据《关于人民法院审理借贷案件的若干意见》第8条的规定，可参照银行同类贷款利率计息，所以被申请人一应当按相应贷款利率计付合同期内的利息。该合同还约定如被申请人一逾期未还清借款，应自逾期之日起按应还金额每日4‰计付违约金给申请人，直至借款清偿为止，但根据《最高人民法院关于审理民间借贷案件适用法律若干问题的规定》第30条规定，逾期利

息、违约金或者其他费用总计不能超过年利率24%，因此申请人主动调整逾期利息按年利率24%计算，从逾期还款之日起至2015年10月22日止应当支付590 600元逾期利息、违约金。由于被申请人一与被申请人二（高某）是夫妻关系，上述债务应当按其夫妻共同债务处理，所以要求被申请人二对被申请人一的上述欠款承担共同清偿责任。根据该合同的约定，被申请人三自愿对被申请人一的上述债务承担连带责任担保，所以被申请人三应当对被申请人一的上述欠款承担连带清偿责任，并且根据《担保借款合同》第4条的约定，应当由三名被申请人承担申请人因实现债权而支出的律师费、财产保全担保费等费用。

因此申请人请求：

（1）裁决被申请人一清偿拖欠申请人的借款本金、利息、违约金共1 602 048.89元（已含本金、利息及违约金）；

（2）裁决被申请人二对借款承担共同清偿责任；

（3）裁决被申请人三对借款承担连带清偿责任；

（4）裁决三被申请人对实现本案债权而支出的55 000元律师费以及16 000元财产保全担保费承担连带清偿责任；

（5）裁决本案仲裁受理费、处理费由三被申请人共同承担。

（二）审理

仲裁庭审理后，依法裁决：驳回第（2）项仲裁申请，驳回第（4）项关于律师费55 000元的仲裁请求，对其他请求予以支持。

二、案例二

申请人：某银行

被申请人一：林某甲

被申请人二：某贸易公司

被申请人三：莫某

被申请人四：林某乙

被申请人五：叶某

第三方：某信托公司

（一）案情

2013年11月6日，被申请人一（林某甲）与申请人（某银行）、第三方某信托公司签订《联合贷款合同》，约定先由信托公司为被申请人一发放贷款360万元，期限自2013年11月21日至2014年3月18日，到期后由申请人向被申请人一发放同样额度的贷款，用以偿还信托公司贷款。同日，被申请人一与申请人签订《个人贷款合同》，约定贷款金额360万，期限8个月，自2014年3月18

日至 2014 年 11 月 18 日。为保障申请人权益,各被申请人向申请人提供如下担保:

保证担保:被申请人二(某贸易公司)、被申请人三(莫某)、被申请人四(林某乙)、被申请人五(叶某)分别与申请人、信托公司签订《个人贷款最高额保证合同》,承诺为被申请人一的上述债务承担最高额连带保证责任。

抵押担保:被申请人二与申请人签订《抵押合同》,约定由被申请人二提供其名下的某商住楼写字楼为上述债务提供最高额抵押担保,并办理抵押登记手续。

上述合同均约定追收债权的费用包括律师费。合同签订后,信托公司与申请人如期履行合同,但被申请人未能按时还款,《个人贷款合同》到期后,被申请人一仍拖欠全部本金及相应利息,担保人也未承担相应的担保责任。

申请人为实现债权,提起仲裁请求:

(1)裁决被申请人一偿还贷款本金 3 600 000.00 元,利息 38 770.29 元,拖欠本金罚息 151 345.20 元,应收利息罚息 1 785.64 元,上述本息合计 3 791 901.13 元;

(2)裁决被申请人一承担实现本案债权而产生的律师费人民币 128 000.00 元;

(3)裁决申请人对被申请人二提供的抵押物在其担保的债权范围内享有优先受偿的权利;

(4)裁决被申请人二、被申请人三、被申请人四、被申请人五对被申请人一就上述贷款本金、利息、罚息、律师费的支付等全部费用承担连带清偿责任;

(5)裁决五被申请人承担本案仲裁受理费、保全费、公告费等全部仲裁费用。

(二)审理

仲裁庭审理后,依法裁决:关于律师费 128 000 元的仲裁请求及其他请求,悉数支持。

三、评析

案例一的律师费已经支付,仲裁庭不予支持。而案例二的律师费尚未支付,仲裁庭予以支持。这是为什么?

(1)合同是否约定了律师费。这是仲裁庭作出裁决需要考量的重要因素。在案例一,合同对逾期还款的违约责任只约定了违约金而没有约定律师费。在案例二,无论是主合同(借贷合同)还是从合同(保证合同)都约定,实现债权的费用包括了律师费。也就是说,案例一的预期违约责任并没有包括律师费,案例二的预期违约责任是包含律师费的。这是双方当事人的真实意思表示。根据意思自治的原则，在不违反强制性法律规定和公序良俗的前提下，仲裁庭应该尊重当事人的意思表示。

（2）是否违反法律强制性规定。这是仲裁庭作出裁决的重要依据。对于银行实现债权的费用可否包括律师费，我国法律并没有强制性的规定。而对于律师费的收费标准，发改委、司法部《律师服务收费管理办法》有明确的规定。也就是说，在具体银行借贷案件中，只要律师收费标准符合《律师服务收费管理办法》的规定又不违反其他强制性规定，仲裁庭可以根据案件的具体情况作出自由裁量。

而对于民间借贷的债权实现，最高人民法院《关于审理民间借贷案件适用法律若干问题的规定》第30条规定："出借人与借款人既约定了逾期利率，又约定了违约金或者其他费用，出借人可以选择主张逾期利息、违约金或者其他费用，也可以一并主张，但总计超过年利率24%的部分，人民法院不予支持。"该规定虽然没有直接排除律师费，但是通过"年利率24%"这一标准，对各项费用进行了强制性约束。在案例一民间借款案中，仲裁庭支持了出借人关于"年利率24%"仲裁主张，而驳回了关于律师费的仲裁请求，是符合法律规定的。

（3）律师费是否给付不是裁决的必要前提。在实践中，有人主张裁决支持律师费必须以律师费已经给付作为前提。这种主张其实混淆了侵权之债与合同之债的区别。在侵权之诉中，律师费是否作为实际损失予以主张，需要当事人举证。而在合同之诉中，律师费是否获得仲裁庭支持，关键是是否有合同约定。在案例二，合理的、可以预见的追收债权费用显然是包括律师费的，且律师委托关系客观存在，至于律师费是否给付是另外的法律关系。而且根据《律师服务收费管理办法》，律师收费可以根据不同的服务内容，采取计件收费、按标的额比例收费和计时收费、风险代理收费等方式。是事前收费还是事后收费，法律并无明确规定。实践中，委托人与律师签订委托合同时，通常是待工作完成或结案后再支付费用的，只有很少数的委托人会先预支部分费用，所以，以是否给付律师费作为作出仲裁裁决的前提并不合理。

涉嫌犯罪的借款合同纠纷仲裁案，是否应中止审理或移交

申请人一：刘某
申请人二：张某
被申请人：高某

一、案情

高某从事食品加工和销售业务，为扩大经营，他向身边的亲戚朋友高息借款，并通过朋友介绍吸纳社会资金，均签订合同，开具收据。其中一笔借款为220万元，出借方为刘某、张某夫妇。后因市场环境变化，公司运行不畅，高某携款潜逃，公安机关以非法吸收公众存款罪对高某进行立案侦查。随后，债权人刘某、张某诉至仲裁庭，请求裁令高某按照借款合同的约定偿还借款本金和利息，并承担仲裁费。

二、审理

审理中，对于这宗借款合同纠纷如何处理，有两种不同的意见。

第一种意见认为，因该案件涉及刑事犯罪，应当移送公安机关侦查处理，由公安机关侦查后确定借款是否应认定为非法吸收公众存款行为，如构成刑事犯罪，就应该待刑事责任判决生效后，再由仲裁庭作出裁决，以避免刑事、民事认定出现冲突的情况。

第二种意见认为，非法吸收公众存款犯罪侵犯的是金融秩序，并不一定导致借款合同无效。出借人按照合同约定起诉至仲裁委要求偿还借款的，应当正常审理，不需要考虑先刑后民，受理后也不需要移送。

仲裁庭经过权衡后后，采纳第二种意见，缺席审理，依法作出裁决，裁令高某按照借款合同的约定偿还借款本金和利息，并承担仲裁费。

三、评析

在仲裁审理民商事纠纷的实践中,经常会碰到涉嫌经济合同犯罪的纠纷案件。对于这类涉及经济犯罪的借款合同纠纷如何处理,有两种不同的意见。

根据过去通常做法,仲裁庭往往采取第一种办法,把案件移交给公安或检察部门处理,落个一身轻松。但这种处理方式有一个弊端,就是使经济合同双方的权利义务长期处于一种不确定的状态,进一步损害了守约方、善意方的权益,对市场经济健康发展不利。

随着市场经济的发展,越来越多的学者倾向于支持第二种意见,即不需要考虑非法吸收公众存款犯罪的因素,无需将案件移送,只需要将犯罪线索提供给相关部门,而对经济纠纷的内容,进行正常审理和裁决。具体理由如下:

第一,在非法吸收公众存款犯罪中,嫌疑人向他人借款的行为并不是要侵占其财产,也没有欺诈的意思。非法吸收公众存款犯罪设置的本意,是为了打击地下银行,打击与商业银行竞争存款业务的行为,并非是为了打击向他人出借款项的行为和资本投资的行为。非法吸收公众存款侵害的只是国家金融从业管理规定,法律针对的只是嫌疑人的行为未经审批这一点,而不是其借款行为或者投资行为的全部。并且法律并未规定此种行为中的借款行为无效,因此,非法吸收公众存款犯罪并不影响借款合同的效力。

第二,就涉及非法吸收公众存款犯罪的借款合同而言,合同的效力与是否构成犯罪没有关系。那么,就借款合同纠纷本身而言,只要符合《民事诉讼法》第119条关于追诉条件的规定,就完全可以像其他民商事案件一样正常起诉或仲裁。仲裁庭在受理此类案件后,发现涉嫌犯罪的,也不需要考虑先刑后民的因素将案件移送,只需要移送相关犯罪线索,并不妨碍对民事案件的正常审理。

第三,民商事案件裁决被告承担还款责任与刑事案件判决退赔之间并不冲突。刑事判决退赔往往只是一个笼统的判决,并不确定具体的金额与履行期限,与民商事裁决的合同责任之间并没有实质性冲突。事实上,刑事判决退赔一般并不能完全实现保障被害人受侵害的财产权,法律也没有规定经过刑事判决退赔的,当事人就不能再提起民事诉讼或仲裁。

综上所述,仲裁庭对于涉及非法吸收公众存款犯罪的借款合同纠纷案件,应当按照民商事案件正常程序进行审理,有利于快速化解纠纷,保障合同守约方、善意方的权益。

借款纠纷案中，担保合同可以与主合同分离单独承担责任吗

申请人：肇庆某银行股份有限公司分行
被申请人一：某创业电器有限公司
被申请人二：肇庆某电子科技有限公司
被申请人三：覃某
被申请人四：肇庆某塑模制造有限公司

一、案情

申请人肇庆某银行股份有限公司分行（以下简称某银行）诉称：该银行与被申请人二肇庆某电子科技有限公司（以下简称某电子公司）、被申请人三覃某、被申请人四肇庆某塑模制造有限公司（以下简称某塑模公司）分别签订了"最高额保证合同"，约定三被申请人为某创业电器有限公司在一定时期和最高额度内借款，提供连带责任担保。期间，被申请人一某创业电器有限公司（以下简称某电器公司）从肇庆某银行借款，并签订借款合同。

某电器公司从肇庆银行借款后，不能按期归还部分贷款。申请人故诉请判令被申请人四某电器公司归还申请人借款本金150万元，支付利息、罚息和律师费用；被申请人二、被申请人三、被申请人四对上述债务承担连带保证责任。

被申请人一、被申请人三未作答辩。

被申请人四答辩称：申请人诉请的律师费不应支持。

被申请人二答辩称：其与申请人签订的最高额保证合同，并未被列入借款合同所约定的担保合同范围，故其不应承担保证责任。

二、审理

仲裁庭经过审理，查明了以下事实：

（1）四份担保合同。2011年9月10日，某银行与某电子公司、覃某分别签订了编号为肇银2011年高保字01003号、01004号的两份最高额保证合同，约定某电子公司、覃某自愿为某电器公司在2011年9月10日至2012年10月18日期间发生的余额不超过800万元的债务本金及利息、罚息等提供连带责任保证担保。

2012年10月12日，某银行与覃某、某塑模公司分别签署了编号为肇银2012年高保字00808号、00809号的两份最高额保证合同，覃某、某塑模公司自愿为某电器公司在2011年9月10日至2012年10月18日期间发生的余额不超过500万元的债务本金及利息、罚息等提供连带责任保证担保。

（2）一份借款合同。2011年11月14日，肇庆银行与创业电器公司签署了编号为肇银2011企贷字00542号借款合同，约定肇庆银行向创业电器公司发放贷款500万元，到期日为2012年11月13日，并列明担保合同编号分别为肇银2012年高保字00808号、00809号。（注：没列明01003号、01004号的最高额保证合同）

（3）欠款情况。贷款发放后，某电器公司于2012年9月6日归还了借款本金250万元，某电子公司于2012年7月29日、9月31日、10月30日先后支付了贷款利息31 115.3元、53 693.71元、21 312.59元。截至2013年4月24日，某电器公司尚欠借款本金250万元、利息131 509.00元。另查明，某银行为实现本案债权而发生律师费用100 520元。

综上，仲裁庭裁决如下：

（1）某电器公司于本裁决生效之日起十日内归还某银行借款本金250万元，支付利息131 509.00元，并支付自2013年4月25日起至本裁决确定的履行之日止按借款合同约定计算的利息、罚息；

（2）某电器公司于本判决生效之日起十日内赔偿某银行为实现债权而发生的律师费用100 520元；

（3）覃某、某塑模公司、某电子公司对上述第（1）、（2）项款项承担连带清偿责任，其承担保证责任后，有权向某电器公司追偿。

裁决后，某电子公司以其担保未被列入借款合同，不应承担保证责任为由，向人民法院提起撤裁请求。人民法院驳回其请求。

三、评析

某银行与某电器公司之间签订的编号为肇银2011企贷字00542号借款合同合法有效，某银行发放贷款后，某电器公司未按约还本付息，已经构成违约。申请人要求某电器公司归还贷款本金250万元，支付按合同约定方式计算的利息、罚息，并支付申请人为实现债权而发生的律师费100 520元，应予支持。覃某、某塑模公司自愿为上述债务提供最高额保证担保，应承担连带清偿责任，其承担保证责任后，有权向某电器公司追偿。

本案的争议焦点为，某电子公司签订的肇银2011年高保字01003号最高额保证合同未被选择列入肇银2011企贷字00542号借款合同所约定的担保合同范围，某电子公司是否应当对肇银2011企贷字00542号借款合同项下债务承担保证责任。对此，仲裁庭经审理认为，某电子公司应当承担保证责任。理由如下：

第一，民事权利的放弃必须采取明示的意思表示才能发生法律效力，默示的意思表示只有在法律有明确规定及当事人有特别约定的情况下才能发生法律效力，不宜在无明确约定或者法律无特别规定的情况下，推定当事人对权利进行放弃。具体到本案，某银行与某电器公司签订的肇银2011企贷字00542号借款合同虽未将某电子公司签订的最高额保证合同列入，但申请人未以明示方式放弃某电子公司提供的最高额保证，故某电子公司仍是该诉争借款合同的最高额保证人。

第二，本案诉争借款合同签订时间及贷款发放时间均在某电子公司签订的编号肇银2011年高保字01003号最高额保证合同约定的决算期内（2011年9月10日至2012年10月18日），某银行向某电子公司主张权利并未超过合同约定的保证期间，故某电子公司应依约在其承诺的最高债权限额内为创业电器公司对某银行的欠债承担连带保证责任。

第三，最高额担保合同是债权人和担保人之间约定担保法律关系和相关权利义务关系的直接合同依据，不能以主合同内容取代从合同的内容。具体到本案，某银行与某电子公司签订了最高额保证合同，双方的担保权利义务应以该合同为准，不受某银行与某电器公司之间签订的某银行非自然人借款合同约束或变更。

第四，某电子公司曾于2012年9月至10月内三次归还过本案借款利息，上述行为也是某电子公司对本案借款履行保证责任的行为表征。

借贷合同还没到期，为什么银行诉请借款人提前偿还本息

——什么是"加速贷款到期条款"

申请人：肇庆某银行
被申请人一：肇庆某贸易公司
被申请人二：石某
被申请人三：孙某

一、案情

2014年9月2日，申请人肇庆某银行与被申请人一肇庆某贸易公司签订《流动资金借款合同》，金额人民币600万元，期限一年，到期日为2015年9月1日。

授信担保方式为房屋抵押，2014年8月9日申请人分别与被申请人二石某、被申请人三孙某签订《最高额抵押合同》，以位于X市X区X号楼的三处房产作抵押。

因被申请人一在他行的多户联保贷款中需为他人进行代偿，导致其资金紧张，可能对申请人的授信资产产生不利影响，从而影响被申请人一到期还款，根据《流动资金借款合同》第12条之规定，宣布该合同项下尚未偿还的贷款全部立即到期，要求申请裁决被申请人一偿还申请人流动资金借款600万元本息，并拍卖处置抵押物取得优先受偿。

基于上述事实和理由，申请人提出如下仲裁请求：
（1）请求裁决被申请人一偿还申请人流动资金借款600万元本息。
（2）请求裁决对被申请人二、被申请人三提供的抵押房产享有优先受偿权。
（3）仲裁费用由三名被申请人承担。

三名被申请人在开庭中对仲裁申请书中的事实和理由予以认可，并同意申请

人的仲裁请求事项。

二、审理

（一）关于申请人与被申请人一签订的《授信业务总协议》《流动资金借款合同》及申请人与被申请人二、被申请人三签订的《最高额抵押合同》的效力问题

仲裁庭注意到：2014 年 8 月 9 日申请人与被申请人一签订了《授信业务总协议》，2014 年 9 月 2 日申请人与被申请人一签订《流动资金借款合同》，为保障其债权的实现，申请人与被申请人二、被申请人三分别签订《最高额抵押合同》，签订上述合同，当事人意思表示真实，合同内容不违反法律行政法规的强制性规定。仲裁庭认为，上述合同均应为有效合同，合同对双方当事人具有约束力，应作为仲裁庭裁决本案的依据。

（二）关于申请人要求被申请人一向其偿还流动资金借款 6 000 000 元本金及利息的问题

仲裁庭注意到，申请人在其仲裁请求中要求被申请人一向其偿还借款 6 000 000 元的本金及利息，本案开庭仲裁中，申请人确认被申请人一应向其偿还的本金及利息，截至 2015 年 8 月 12 日为人民币 6 023 228 元。仲裁庭也注意到，本案开庭仲裁中，被申请人一对申请人依据双方所签的《流动资金借款合同》中第 12 条第一款第 9 项、第二款第 4 项的约定，提前收回本金及利息没有异议，对截至 2015 年 8 月 12 日应偿还申请人的借款本金及利息为 6 023 228 元也没有异议。据此，仲裁庭认为，申请人要求被申请人一向其偿还截止 2015 年 8 月 12 日的流动资金借款本息共计 6 023 228 元依据充分，申请人的该仲裁请求，仲裁庭应予以支持。

（三）关于申请人要求裁决其对被申请人二、被申请人三提供的房产享有优先受偿权的问题

仲裁庭注意到，申请人为保障其与被申请人一签订的《授信业务总协议》项下各单项合同债权的实现，分别与被申请人二、被申请人三签订最高额抵押合同，两份最高额抵押合同均约定，被担保的最高债权额为人民币 6 000 000 元借款本金及基于主债权本金所产生的利息、违约金、赔偿金及实现债权的费用。抵押合同签订后，被申请人二、被申请人三提供抵押的分别位于×市×区×号楼的三处房屋，已按法定程序办理抵押物登记，并由登记机关向申请人发放上述房屋的他项权利证书。仲裁庭认为，申请人与被申请人二、被申请人三签订《最高额抵押合同》，抵押合同项下的抵押财产已依法办理抵押物登记并取得他项权利证书，抵押权依法成立，申请人作为抵押权人对他项权利证书所登记的抵押财产依

法享有优先受偿权。申请人的该仲裁请求依据充分，仲裁庭应予支持。

根据上述意见，仲裁庭经合议裁决如下：

（1）被申请人一偿还申请人借款本金及利息6 023 228元。

（2）申请人对位于×市×区×号楼的三处房屋的抵押房产享有优先受偿权。

（3）本案仲裁费22 982元（申请人已预交）全部由被申请人一承担。

上述（1）、（2）两项合并计算，被申请人一共应向申请人支付人民币6 046 210元，此款与本裁决生效后十日内付给申请人。

本裁决为终局裁决，自作出之日起发生法律效力。

三、评析

本案争议焦点在于加速到期条款的法律性质及效力问题。

（一）加速到期条款

本案中，申请人依据双方所签的《流动资金借款合同》中第12条第一款第9项、第二款第4项的约定，要求提前收回本金及利息6 023 228元，此条款即为加速到期条款。

在理论上，加速贷款到期条款是指金融机构在金融借款合同中与借款人约定，如发生一定的事由，纵然债务尚未到期，仍认为其已届债务清偿期而求偿，并依担保合同的约定由担保人承担担保责任的合同条款。加速到期条款实质是附条件的合同条款，此条款的生效须以一定事实（所附条件）的发生为前提。在金融借款合同纠纷中，借款人的违约情形常作为提前收回贷款的条件，如借方提供不真实的情况、报表和资料、逾期或未按约定的金额归还借款本息、改变借款用途、生产经营和财务状况发生重大变化，对银行贷款安全造成重大不利影响等其他预期违约和实际违约情形。

（二）加速到期条款的效力

加速到期条款是由银行所提供的格式贷款合同中的条款，若要判断格式合同条款是否有效，须首先判断提供格式条款一方是否存在免除其责任、加重对方责任、排除对方主要权利的情形。如果加速贷款到期条款的设定，是基于避免借款人预期违约或者实际违约情形而对贷款人带来风险，在这种情况下它是有效的。例如，我国《合同法》第203条有类似的规定：借款人未按约定的用途使用借款的，贷款人有权提前收回贷款。上海市高级人民法院《关于审理金融借款合同纠纷案件若干问题的解答》第5条规定："金融借款合同关于贷款人提前收贷有约定的，该约定只要不违反法律、行政法规的强制性规定，应认定有效。在贷款人主张借款人提前还款的条件成就时，贷款人据此诉请要求借款人提前还款的，法院应予支持。该诉请不以解除合同为前提，故贷款人无须主张解除合同诉请。"

由此可见，除非存在违反法律行政法规的强制行规定的情况，一般而言，无论在理论上还是实践中，加速到期条款的有效性是被承认的。本案借款合同中的加速到期条款均未违反法律法规之强制性规定，也没有出现免除银行的责任、加重借款人的责任、排除借款人主要权利的情形，因此，是合法有效的约定。

迟延履行借款合同，是否构成违约

申请人：黎某
被申请人：曾某

一、案情

曾某做生意急需用钱，向黎某借款6万元。2015年3月25日，二人签订《借款合同》，该合同约定：月息10%；黎某于2015年4月1日交6万元现金给曾某；逾期交付按日支付800元违约金。

但直至2015年5月1日，黎某才把6万元交给曾某。2016年4月底，黎某要求曾某还款，双方对如何支付利息和是否违约发生争执，曾某拒绝还款。黎某将曾某告到仲裁庭，要求曾某归还本金及约定利息。曾某在仲裁庭上辩解道，借款6万元属实，但利息约定无效，而且黎某没有在约定的时间内提供借款，应承担违约责任。

二、审议

本案在审理中存在两种意见：

第一种意见认为，曾某应当按照合同约定归还借款本金及利息，黎某应当承担迟延提供借款的违约责任。

第二种意见认为，曾某应当归还借款本金及利息，但利息应适当减少，黎某不承担违约责任。

仲裁庭合议后采纳第二种意见，据此做出裁决：

（1）曾某向黎某返还借款本金6万元；
（2）曾某向黎某支付借款利息按每月3%计算；
（3）仲裁费各负担50%；
（4）驳回黎某其他请求。

三、评析

按照借款合同的约定，黎某应当在 2015 年 4 月 1 日提供借款，但他延迟 1 个月才提供借款，根据我国《合同法》第 44 条"依法成立的合同，自成立时生效。法律、行政法规规定应当办理批准、登记等手续生效的，依照其规定"之规定，该借款合同似乎已经生效，但《合同法》第 210 条又规定："自然人之间的借款合同，自贷款人提供借款时生效。"《合同法》第 44 条属于普通条款，第 210 条属于特别条款，在普通条款与特别条款有不同规定时，应按特别条款优于普通条款的原则，优先适用特别条款，即曾某和黎某之间的借款合同应优先适用《合同法》第 210 条之规定。曾某和黎某于 2015 年 3 月 25 日签订的借款合同，在借款未交付曾某前没有生效。因此，黎某迟延交付借款的行为不构成违约，无需承担违约责任。

根据《合同法》第 211 条的规定，自然人之间的借款合同约定支付利息的，借款的利率不得违反国家有关限制借款利率的规定。依照最高人民法院《关于审理民间借贷案件适用法律若干问题的规定》第 26 条规定，民间借贷的利率可以适当高于银行的利率，最高为年利率 36%。"借贷双方约定的利率超过年利率 36%，超过部分的利息约定无效"。超出此限度的，超出部分的利息不予保护。曾某和黎某借款合同约定月息 10%（即年利率 120%），显然高于上述规定，其高出的部分应为无效。

没有房产证，会影响租赁合同的法律效力吗

申请人：高要某建设公司
被申请人：肇庆某餐饮公司

一、案情

申请人高要某建设公司（以下简称建设公司）诉称：2008年8月25日，建设公司与被申请人肇庆某餐饮公司（以下简称餐饮公司）签订了《房屋租赁协议书》。约定建设公司（甲方）出租莲湖广场西座地上第一至三层和地下一层。自2008年9月1日起至2009年3月31日止，餐饮公司（乙方）可以进驻现场进行局部改造和精装修，进行设备调试及试营业。自2009年4月1日起计算租期，租赁期为5年；每年租金为人民币227万元，乙方每年4月1日前和10月1日前各支付一次，每次预付金额为113.5万元，如不能按期支付租金，拖欠期内每日加收欠交租金万分之五的滞纳金；租赁期间，甲、乙双方均不能无故解除本协议。如确有必要解除合同，违约方要以当年租金总额的两倍作为违约金赔付守约方。

协议签订后，建设公司全面履行了协议，如期将房屋交付餐饮公司，餐饮公司装修后以"显华大茶楼"的名义开业，并一直营业至今。但餐饮公司仅在2008年9月8日向建设公司支付了定金50万元，租金至今未付，已拖欠租金794.5万元。建设公司多次追讨未果，诉至仲裁庭，提出以下仲裁请求：

（1）裁决解除建设公司与餐饮公司于2008年8月25日签订的《房屋租赁协议书》，餐饮公司将其承租并已装修的房屋无偿返还给建设公司；
（2）裁决餐饮公司给付建设公司租金人民币794.5万元；
（3）裁决餐饮公司给付建设公司滞纳金人民币1 966 387元（滞纳金暂计至2012年9月1日，自逾期之日起至实际给付之日止）；
（4）裁决餐饮公司给付建设公司违约金人民币454万元；
（5）裁决餐饮公司承担本案仲裁费。

被申请人餐饮公司辩称：建设公司未及时取得房屋产权证，同时不能及时提

供消防验收合格证，从而导致《房屋租赁协议书》无效，应由建设公司承担全部责任。建设公司没有按照合同约定提供相应的法律文件，拟将设立的"显华茶楼有限责任公司"无法获得工商行政管理部门的核准，不能营业，只能试营业运行。建设公司的不作为已经构成违约和对餐饮公司权利的侵犯。餐饮公司没有交纳租金是在建设公司违反合同约定的情况下，依照法律和双方约定，正常维护自身合法权益的行为。同时，餐饮公司提出如下反请求：

（1）请求仲裁庭确认建设公司与餐饮公司之间签订的《房屋租赁协议书》无效；

（2）请求仲裁庭驳回建设公司的仲裁请求；

（3）请求仲裁庭裁决建设公司补偿餐饮公司经济损失人民币 17 404 972.11 元（实际投入 6 204 972.11 元，双倍租金 454 万元，三年预期利润 666 万元）；

（4）请求仲裁庭裁决由建设公司负担本案仲裁费。

二、审理

仲裁庭认为：

（1）申请人建设公司与被申请人餐饮公司所签订的《房屋租赁协议书》是双方的真实意思表示，不违反国家法律、行政法规的强制性规定，合法有效。

（2）建设公司未及时取得房屋产权证，但是产权清晰，并无争议，因此不能直接导致《房屋租赁协议书》无效，但是对于该合同的履行产生一定影响；建设公司应当承担相应的责任。餐饮公司自 2008 年 9 月 1 日至 2009 年 3 月 31 日止的期间内进行设备调试和试营业，办理相关的公司注册手续，餐饮公司在此期间内应知晓建设公司未取得租赁物的产权证，但是在两年的诉讼期限期间内未主张权利，视为放弃该权利。

（3）由于双方签订租赁合同是在《中华人民共和国消防法》实施之前，因此建设公司未及时取得消防验收合格证也不导致《房屋租赁协议书》当然无效。原被申请人双方对《房屋租赁协议书》的履行行为，都存在不同程度的瑕疵，都应当承担一定的违约责任。原被申请人双方对《房屋租赁协议书》的履行行为，都存在不同程度的瑕疵，都应当承担一定的违约责任。

依照消防管理的相关规定，消防验收可以进行整体验收，也可以进行局部验收。餐饮公司接收租赁的房屋后，对租赁物进行了局部改造和精装修，依据相应的规定，也应当进行消防申报并经消防验收合格才能进行正式营业。但餐饮公司没有提供其已经履行此义务的证据材料。

因此，餐饮公司认为建设公司不能及时提供消防验收合格证，从而导致《房屋租赁协议书》无效，并由建设公司承担全部责任的理由不能成立。餐饮公司作为准备从事餐饮业的承租方，应当比出租方尽更多的义务了解从事餐饮业的特殊要求和特别程序。本案的事实说明，关于租赁物的消防验收问题，餐饮公司的过错是主要的，但建设公司作为出租方，也要承担一定的责任。

（4）餐饮公司作为租赁物的承租方，其知道或者应当知道租赁物的产权证或者消防安全验收合格证不能及时取得，建设公司有违约行为而给其造成损失时，餐饮公司应当及时采取适当措施防止损失的扩大。餐饮公司在办理公司登记的过程中，就应当知晓上述事实，但是餐饮公司没有提供证据证明其采取了相应的补救措施。

对于餐饮公司对租赁物进行的装饰装修，经评估，装饰装修工程的价格在 2012 年 4 月 15 日的市场价格为 351.28 万元。《房屋租赁协议书》约定，租赁期满或其他原因终止本协议时，除乙方购置的家具、电器以外，其他设施及设备应完整、无偿移交给甲方。根据本案的事实及双方的过错责任程度，就餐饮公司对租赁物的装饰装修工程，酌定为建设公司应当给付餐饮公司 100 万元补偿。

仲裁庭裁决：

（1）解除建设公司与餐饮公司签订的《房屋租赁协议书》；

（2）餐饮公司将其承租并已经装修的房屋于本裁决生效后 30 日内腾空并移交给建设公司；

（3）餐饮公司于本裁决生效后 10 日内给付建设公司房屋租金 794.5 万元及滞纳金（以拖欠租金为基数，按照银行同贷利率标准从拖欠日计算至实际给付之日）；

（4）建设公司于本裁决生效后 10 日内给付餐饮公司房屋装修补偿 100 万元；

（5）驳回建设公司的其他仲裁请求；

（6）驳回餐饮公司的其他反请求；

（7）本裁决为终局裁决。

三、评析

本案为一起房屋租赁合同纠纷，争议焦点：（1）出租房未及时取得房屋产权证以及消防验收合格证，是否影响租赁合同的效力；（2）不能全面、及时地履行房屋租赁合同的责任分担问题。本案的审理，在处理房屋产权证、消防验收合格证是否影响房屋租赁合同的案例方面，具有借鉴意义。

（一）出租方没有房屋产权证，是否影响房屋租赁合同的效力

按照《城市房地产管理法》第 52 条的规定，房屋租赁是指房屋所有权人作为出租人将其房屋出租给承租人使用，由承租人向出租人支付租金的行为。《城市房屋权属登记管理办法》第 5 条规定，房屋权属证书是权利人依法拥有房屋所有权并对房屋行使占有、使用、收益和处分权利的唯一合法凭证。

在很多案例中，房屋出租方没有产权证，具体的原因很多，相当一部分是土地出让金已经交纳，由于政府职能部门的原因，房屋产权证不能及时下发，但是房屋的产权清晰，没有争议。《合同法》对于合同无效规定的比较严格，结合《合同法》倡导的精神和市场经济的要求，对于房屋出租方没有产权证的房屋租赁合同，不宜认定为无效合同。但是对于违章建筑的出租等情况，应当另论。

（二）消防验收合格证对房屋租赁合同效力的影响

经营性商业用房的消防设施是否完善，是否有重大火灾隐患等，涉及公共安全和社会利益。消防验收问题与出租房屋能否正式投入使用直接相关，因此，经营性商业用房的消防涉及房屋租赁合同的效力和履行问题。

《中华人民共和国消防法》（简称《消防法》）于 2008 年 9 月 1 日正式实施。该法第 10 条规定，按照国家工程建筑消防技术标准进行消防设计的建筑工程竣工时，必须经公安消防机构进行消防验收；未经验收或者经验收不合格的，不得投入使用。第 12 条规定，歌舞厅、影剧院、宾馆、饭店、商场、集贸市场等公众聚集的场所，在使用或者开业前，应当向当地公安消防机构申报，经消防安全检查合格后，方可使用或者开业。

上述规定，应当是法律的强制性规定。如果房屋租赁合同的内容违反了上述规定，应当认定合同的相应内容为无效。

联体建筑或者整栋大楼一般情况下是全部竣工后进行整体验收，如果上述整体建筑的竣工时间较长或其他原因，而只对其中部分房屋进行出租时，可以进行局部验收。依照消防管理的相关规定，消防验收可以进行整体验收，也可以进行局部验收，但局部验收必须具备相应的附加条件（如整幢建筑物的消防水泵、管道等基础消防设施已经具备等）。

另外，如果对租赁物进行了局部改造和精装修，依据相应的规定，也应当进行消防申报并经消防验收合格才能进行正式营业使用。因此，租赁物的消防验收，有时是租赁双方的共同义务。

在《消防法》实施之后，对租赁合同内容的效力认定，应当考虑租赁房屋的消防验收问题。

拖欠款费的违约金，什么时候起算

申请人一：王某某
申请人二：李某某
被申请人：鼎丰铝塑复合管有限公司肇庆分公司

一、案情

申请人一王某某系肇庆市鼎湖区安捷汽车修理厂的登记业主，申请人二李某某系该修理厂的实际经营者。2007年8月至2008年1月期间，两名申请人先后对被申请人鼎丰铝塑复合管有限公司肇庆分公司（以下简称鼎丰公司）所有的粤A7231X、粤A9368X、粤A7231X、粤AD249X、粤A93694、粤A1914X、粤A9367X、粤A7232X、粤A7230X、粤A6587X等车辆进行了维修，且对每次修理都在维修单上记载了委修单位（即被申请人鼎丰公司）、送修日期、车辆牌照、送修人、送修时间、接车时间、维修项目名称、工时费、配件明细、材料费、合计金额等内容，维修单由被申请人鼎丰公司原车队队长林某某在"委修单位（审核签字）"处进行了签字确认。被申请人鼎丰公司曾于2007年8月7日以转账支票的形式向申请人支付过修理费8407元，尚欠申请人修理费42 876元未支付。申请人催收该款未果，遂于2008年12月27日向本会提起仲裁，要求裁决如请。

申请人王某某、李某某诉称：2007年8月到2008年1月期间，被申请人方在申请人一王某某开办、申请人二李某某经营的肇庆市鼎湖区安捷汽车修理厂维修汽车，共欠申请人修理费42 876元，申请人多次催收未果，故诉请仲裁委判令被申请人支付车辆维修费42 876元及从2008年1月起至上述款项付清为止（按中国人民银行同期逾期贷款利率计算）的违约金，由被申请人承担本案仲裁费用。

被申请人鼎丰铝塑复合管有限公司肇庆分公司辩称：我公司曾在申请人处修车属实，但只截止到2007年12月，申请人起诉金额与实际不符，且其出示的修车单有些未签字，故请求仲裁庭依法裁决驳回。

二、审理

仲裁庭认为,民事活动应当遵循诚实守信的原则。鼎丰公司原车队队长林某某的行为系职务行为,与被申请人之间已形成维修合同关系,申请人要求被申请人支付车辆维修费的理由正当,证据充分,仲裁庭予以支持。被申请人长时间拖欠维修费已经构成违约,故申请人要求被申请人按中国人民银行规定的逾期贷款利率计算违约金的请求正当,但该违约金的起算时间应从2008年2月1日起计算为宜。被申请人的辩称意见因没有证据支撑,且与审理中查明的事实不符,仲裁庭不予支持。据此,依照《仲裁法》第43条、《合同法》第6、第60、第107、第263条的规定,裁决如下:

(1)由被申请人鼎丰铝塑复合管有限公司肇庆分公司给付申请人李某某、王某某车辆维修费42 876元,此款限于本裁决发生法律效力后10日内付清。

(2)由被申请人鼎丰铝塑复合管有限公司肇庆分公司向申请人李某某、王某某支付违约金,该违约金以42 876元为本金,按中国人民银行规定的逾期贷款利率计算至本裁决发生法律效力之日止,此款随本金一并付给申请人。

三、评析

本案的争议焦点主要两点:被申请人是否构成违约?违约金的起算点如何确定?

拖欠款费的违约金什么时候起算?对于违约金的计算,法律规定首先按照合同的约定来计算,合同约定的违约金明显过低或者过高的,当事人可以向仲裁庭申请予以适当增加或者减少,但当事人必须提供充足的理由。无约定的,违约金一般等于违约所造成的实际经济损失。对于分期履行合同,其违约金的计算应从最后一笔债务履行期限届满之次日起开始起算。对于分期还本付息的借款合同,其违约金的计算应从每月履行还本付息期限届满之次日起开始起算。

本案系被申请人不履行与申请人订立的维修合同中约定的支付修理费义务而引起的纠纷,法庭审理主要围绕着被申请人是否构成违约和违约金的计算问题的判定而展开,因此在分析该案件时也需要从这几个方面来梳理线索:

首先,对于"被申请人是否构成违约"的判定,此处主要涉及职务行为及合同的成立问题方面的内容。

所谓职务行为是指工作人员行使职务权力,履行职务职责的活动。其主要特征在于以一定的职位和责任为要素,职务行为的民事法律后果,往往由行为人所在单位或授权单位享受权利或承担义务,其本人获得的只是相应的酬金。职务行为在性质上属于代理行为。合同的成立需要满足四个要件:首先订约主体存在双方或者多方当事人；订立合同依法进行；双方当事人就合同的主要条款协商一致；具备要约和承诺的阶段。其中承诺可以口头告知和行为表示两种方式进行。

在本案中，根据审理中的事实认定部分可知，被申请人鼎丰公司对林某某系该公司原车队队长、结算单上林某某签字的真实性及结算单上的车辆系该公司所有的事实均无异议；证人张某也证实了林某某的身份及签字的真实性和结算单上的车辆系鼎丰公司所有、自己驾驶的粤A1914X车曾在申请人处维修过、单位所有修车费都是由林某某统一签字报账等事实，由此可知，林某某的行为系职务行为，申请人、被申请人之间已形成维修合同关系，应当受到合同内容的约束，在申请人履行完修车的义务后，被申请人有义务支付相应的维修费用，而本案中显然被申请人未按时履行该义务，已经构成了对维修合同的违约。

其次，对于"违约金的起算点为何"的判定，此处主要涉及违约金的计算方面的内容。

对于违约金的计算，法律规定首先按照合同的约定来计算，合同约定的违约金明显过低或过高的，当事人可以向仲裁庭申请予以适当增加或者减少，但实际审理中，根据意思自治的原则，仲裁庭很少会调整违约金数额，除非当事人有十分充足的理由。无约定的，违约金一般等于违约所造成的实际经济损失。对于分期履行合同，其违约金的计算应从最后一笔债务履行期限届满之次日起开始起算。对于分期还本付息的借款合同，其违约金的计算应从每月履行还本付息期限届满之次日起开始起算。

在本案中，双方未约定违约金的数额，申请人提出按照中国人民银行规定的逾期贷款利率计算违约金的请求是正当合法的，应当予以支持。对于起算数额，申请人提供的结算单上显示最后一次送修时间为2008年1月13日，在留足合理的维修时间后，2008年1月31日可以视为合同履行期限届满，故从该日的次日起计算违约金符合法律的相关规定。

在商事活动中，双方当事人对于二者合意形成的合同应当遵循诚实信用原则，行使权利和履行义务，对于一方当事人不履行合同或者履行合同不符合约定的，守约方可以要求违约方承担相应的违约责任。合同有约定的按约定办理，合同没约定的可按照实际损失计算违约金。对于分期履行合同，其违约金的计算应从最后一笔债务履行期限届满之次日起开始起算。对于分期还本付息的借款合同，其违约金的计算应从每月履行还本付息期限届满之次日起开始起算。

未经董事会决议以公司名义为他人提供担保，其效力如何

申请人：梁某

被申请人一：吴某

被申请人二：伟亚物流有限公司

被申请人三：高某

一、案情

被申请人一吴某与被申请人三高某是夫妻，共同组建了伟亚物流有限公司（以下简称伟亚公司），丈夫吴某是总经理，妻子高某是董事长。

丈夫吴某因经营需要，经朋友介绍于2014年3月12日向申请人梁某借款230万元用于生意经营，签订了《担保借款合同》，并用伟亚公司的名义提供了担保，但妻子高某没有在借款合同签字，只是加盖公司印章。后来，吴某因经营困难，只是归还了130万元，余款无法按期还清。2015年10月26日，梁某提起仲裁，一是请求裁决返还欠款100万元本息，二是要求伟亚公司承担连带担保责任。

被申请人一吴某辩称：被申请人一实际收到借款230万元，已归还153.43万元，尚欠76.57万元。

被申请人二伟亚公司辩称：该担保借款合同的担保条款无效，其不承担连带担保责任，即使承担相应的民事过错责任也是承担不超过不能清偿部分的二分之一。理由是，本担保事项违反《公司法》第16条及最高人民法院《关于适用〈中华人民共和国担保法〉若干问题的解释》第4条相关规定，担保行为没有经过董事会或股东会会议审议通过，是无效担保。即便担保人要承担民事过错责任，根据上述司法解释第4条和第7条，承担责任不应当超过不能清偿部分的二分之一。

二、审理

仲裁庭经过审理调查，认为：

（一）本案的借款关系合法有效

对于该合同涉及的借款方面的内容，由于申请人梁某与被申请人一吴某是协商一致，自愿达成协议的，有关双方借款部分的内容是双方的真实意思表示，除违约金计算标准偏高外其他内容均不违反国家法律法规的强制性规定，因此《担保借款合同》中关于借款部分的内容合法有效，对申请人梁某与被申请人一吴某均具有约束力，双方都应当按合同的约定履行。吴某没有提供证据，证明已归还 153.43 万元的主张。仲裁庭支持申请人请求裁决返还欠款 100 万元的主张。

（二）本案的担保关系合法成立

对于该合同涉及的担保方面的内容是否有效的问题，当事人存在明显的分歧。争议的焦点在于被申请人二违反《公司法》第 16 条未经股东会同意所作的担保承诺是否有效。仲裁庭认为，伟亚公司的担保行为虽然违反了公司法的规定，但该规定是管理性规定，非效力性规定，不能以此抗辩交易相对人，故担保行为有效。

据此，仲裁庭裁决如下：

（1）被申请人一应在收到本裁决书之日起十日内向申请人归还借款本金人民币 100 万元，并支付违约金 582 509.59 元；

（2）被申请人二对被申请人一上述的借款及违约金承担连带清偿责任；

（3）本裁决为终局裁决。

三、评析

担保行为违反管理性法律规定，不一定导致无效。

法律强制性规定，分为管理性强制规定和效力性强制规定。对于公司担保合同效力的认定，因其并未超出平等商事主体之间的合同行为的范畴，故应首先从合同法相关的规定出发予以裁断。关于合同效力，《合同法》第 52 条规定，"有下列情形之一的，合同无效。……（五）违反法律、行政法规的强制性规定"。至于如何理解该条文中'强制性规定'的含义，最高人民法院《关于适用〈中华人民共和国合同法〉若干问题的解释（二）》第 14 条则作出如下解释规定"合同法第 52 条第（五）项规定的"强制性规定"，是指效力性强制性规定"。因此，法律及相关司法解释均已明确了将违反法律或行政法规中效力性强制性规范作为合同效力的认定标准之一。公司作为不同于自然人的法人主体，其合同行为在接受合同法规制的同时，当受作为公司特别规范的公司法的制约。公司法第1条开宗明义规定"为了规范公司的组织和行为，保护公司、股东和债权人的合法权益，维护社会经济秩序，促进社会主义市场经济的发展，制定本法"。《公司法》第16条第二款规定："公司为公司股东或者实际控制人提供担保的，必须经股东会或者股东大会决议。"上述公司法规定明确了其立法本意在于限制公司主体行为，防止公司的实际控制人或者高级管理人员损害公司、小股东或其他债权人的利益，故其实质是内部控制程序，不能以此约束交易相对人。故此上述规定宜理解为管理性强制性规范，而不是效力性强制性规范，对违反该规范的，原则上不宜认定合同无效。否则，如作为效力性规范认定将会降低交易效率和损害交易安全。而且从道理上讲，召开股东会是公司内部的决议程序，公司内部的决策程序不得约束公司以外的第三方。因此，本案中被申请人二未经股东会同意而签订担保合同的行为虽然违反了公司法的规定，但其所做出的担保承诺仍然有效，即《担保借款合同》中的担保条款有效，被申请人二应当按照合同约定承担连带保证责任。

借款合同提前收贷是否意味着合同解除

申请人：甲银行
被申请人：乙公司

一、案情

甲银行与乙公司于 2013 年 1 月签订借款合同，约定乙公司向甲银行借款 500 万元，期限为 5 年；乙公司应于 2013 年 6 月底前办妥国有土地使用权抵押登记手续，否则甲银行有权提前收回贷款。合同签订后，甲银行如约出借款项，但乙公司一直未办理国有土地使用权抵押登记手续。2015 年 3 月，甲银行将乙公司的信用等级登记为次级，并发函通知乙公司依约终止借款合同。2015 年 5 月，甲银行诉至仲裁庭，请求裁令乙公司立即偿还借款本金 500 万元及相应利息。乙公司则以借款合同尚未到期、甲银行无权解除合同为由抗辩，请求仲裁庭驳回甲银行的仲裁请求。

二、审理

本案争议焦点为：案涉借款合同关于提前收回贷款的约定是否属于当事人约定解除权的条款。

第一种观点认为，提前收回贷款会产生与行使解除权一样的法律后果，故关于乙公司不办妥抵押手续、甲银行就有权提前收回贷款的条款属于约定解除权的条款；合同解除权应及时行使，否则不利于合同关系的稳定；甲银行享有解除权近两年后才要求解除合同，已超出解除权行使的合理期限（诉讼时效），应当驳回甲银行的诉讼请求。

第二种观点认为，借款合同关于提前收回贷款的约定，不属于当事人约定解除权的条款；在甲银行提前收回贷款的条件成就时，其据此诉请要求借款人乙公司提前偿还借款本息，不适用诉讼时效规定，仲裁庭应予支持，该诉请不以解除合同为前提。

仲裁庭最终裁决，裁令乙公司归还借款，终止合同履行。

三、评析

合同条款定性，决定着法律思维分析的起点和方向。《合同法》第93条第二款规定："当事人可以约定一方解除合同的条件。解除合同条件成就时，解除权人可以解除合同。"审判和仲裁实践中，准确识别争议条款是否属于约定解除权条款，是正确适用合同解除权规定解决相关纷争的基础和前提，直接影响案件处理结果。

当前越来越多的金融借款合同中包含了特定情形下贷款人有权提前收回贷款的约定（也称加速到期条款），该案因此具有一定的典型性。就案件处理而言，法律务实中多数支持上述第二种观点，除前述理由外，还有以下四点考虑：

（1）透过《合同法》相关法条的表述，可以看出"提前收回贷款（借款）"与"解除合同"在逻辑关系上是不同概念。《合同法》第203条规定，借款人未按照约定的借款用途使用借款的，贷款人可以停止发放借款、提前收回借款或解除合同。该条款虽系针对未按约定使用借款的情形，但已可以说明"提前收回借款"与"解除合同"是两个不同的法律概念。

（2）根据相关金融法规，甲银行的诉讼请求应当得到支持。《贷款通则》第22条第五项规定，借款人未能履行借款合同规定义务的，贷款人有权依据合同约定要求借款人提前归还贷款或停止支付借款人尚未使用的贷款。

（3）案涉借款合同纠纷中，乙公司未能依约办妥国有土地使用权抵押登记手续是一种根本性违约行为，乙公司提前归还借款是承担违约责任的形式之一。

（4）案涉借款合同有关提前收回贷款的条款，其实也可看成双方当事人对合同终止条件所作的约定，即相关情形出现时，甲银行有权按照约定，通过提前收回贷款的方式终止借款合同，提前收回贷款。需要注意的是，《合同法》第91条规定了合同终止的七种情形，包括合同解除、债务相互抵销、法律规定或当事人约定终止的情形等。本案纠纷应属于"当事人约定终止"的情形。从《合同法》第91条也可以看出，合同终止属于合同解除的范畴，是合同解除的上位概念。合同的终止必定导致合同解除，但不应将合同终止等同于合同解除，两者的含义不一样。

抵押权预告登记人能否直接主张对抵押物行使优先受偿权

预售商品房抵押贷款中，银行与借款人（购房人）、开发商会签订一系列合同，约定对商品房进行抵押。如果涉案商品房属于预售楼盘，对预售商品房只能做抵押预告登记，但该预告登记能否使银行获得现实的抵押权，司法及仲裁实践中存在不同观点。既有案例认定抵押权预告登记人对抵押物不享有优先受偿权，也有案例认定抵押权预告登记人对抵押物享有优先受偿权。

一、不支持优先受偿权

案例一

中国工商银行股份有限公司铜陵百大支行（以下简称工行百大支行）与王某甲、王某乙、杨某康、李某、铜陵银基置业有限公司、铜陵市宝业商贸有限公司金融借款合同纠纷二审案［安徽省高级人民法院（2015）皖民二终字第00891号］。

安徽省高级人民法院认为：

"预告登记赋予预告登记申请人取得一种将来在条件成就或期限届满时请求房产预售人向其转移物权的权利，其目的在于保护以物权变动为内容之请求权，免受预售人处分行为之妨害。本质上是预告登记权利人请求预售人转移房屋请求权的物权化的一种表现，是具有一定物权效力的、对以物权变动为内容的请求权担保。担保的效力体现在原不动产所有人仍有权进行处分，但该处分行为与预告登记权利人行使请求权发生冲突时，处分行为对预告登记权利人不生效，担保预告登记权利人在登记条件具备，或者所附条件成就及所附期限到来时能够取得预告登记不动产的抵押权。故预告登记并不能取得与抵押权登记一样的法律效果，当事人在能够进行不动产登记之日起三个月内申请抵押权登记的，预告抵押登记予以失效，也就是说只有在办理抵押权登记、债权人取得抵押权后，方能对抵押财产享有优先受偿权。故工行百大支行与王某甲、王某乙虽然对涉案房产办了抵押权预告登记，但至今没有办理房产证、更没有办理抵押权登记，工行百大支行没有取得抵押权,故对涉案房产不享有优先受偿权。"

二、支持优先受偿权

案例二

中国建设银行股份有限公司瑞安支行与浙江正国房地产开发有限公司、刘雪燕等金融借款合同纠纷申诉案[浙江省高级人民法院(2016)浙民申1180号]。

浙江省高级人民法院认为:

"本案中,正国公司为金健向建行瑞安支行的借款提供阶段性保证。阶段性保证的设立初衷在于降低因正式产权登记未完备导致的债权清偿风险,促使开发商及时完成项目开发建设、积极协助办理产权登记手续。现正国公司已完成涉案房屋的开发建设,并已完成产权初始登记,不存在怠于建设、办理产权过户等情形,应当认定正国公司的阶段性保证责任已经免除。至于预购商品房抵押权预告登记的效力问题,尽管金健与建行瑞安支行就涉案房产抵押仅办理了抵押权预告登记,由于该预告登记使得被登记的请求权具有了物权的效力,可以对抗普通债权人,且建行瑞安支行对抵押权预告登记无法转为正式抵押登记并无过错,故一、二审判决据此认定建行瑞安支行在抵押担保范围内对涉案房产享有优先受偿权,亦无不可。"

三、评析

对于房屋预告登记情形下的优先受偿权问题,我国法律并无统一的规定,实践中的认识也不一样。是否给予预告登记权利人优先权,应该结合案件具体分析,不应一概而论,实务中应考虑以下几个因素:

(1)合同是否成立。案涉的主合同以及担保合同(抵押合同、保证合同等)是否有效成立,这是判断优先受偿权是否成立的前提。

(2)当事人是否存在过错行为。房屋办理预告登记后,接下来在条件成就时应该办正式的抵押登记。如果未能办理正式的抵押登记是由于权利人(贷款人)的过错造成的,仲裁庭就不应该支持其获得优先权;如果是由于义务人(借款人)的过错造成的,仲裁庭裁定优先受偿权成立并无不妥。这样处理更能体现《仲裁法》第7条关于公平的原则。

(3)涉案预告登记财产的现状。涉案预告登记财产是否还在合同义务人(抵押义务人)的名下?是否办理了第三方合同的抵押登记?是否已经合法转让给案外第三人?是否已经被案外其他权利人查封?这些因素仲裁庭应予考虑,确保裁决的可执行性。如果经过当事人的举证,合理排除了这些因素后,该抵押财产是无瑕疵的,那么结合第(1)、(2)点情况裁定优先受偿成立并无不妥。

四、附录：相关法条

（一）《物权法》

第二十条　当事人签订买卖房屋或者其他不动产物权的协议，为保障将来实现物权，按照约定可以向登记机构申请预告登记。预告登记后，未经预告登记的权利人同意，处分该不动产的，不发生物权效力。

预告登记后，债权消灭或者自能够进行不动产登记之日起三个月内未申请登记的，预告登记失效。

（二）《最高人民法院关于〈物权法〉解释（一）》

第四条　未经预告登记的权利人同意，转移不动产所有权，或者设定建设用地使用权、地役权、抵押权等其他物权的，应当依照物权法第二十条第一款的规定，认定其不发生物权效力。

第五条　买卖不动产物权的协议被认定无效、被撤销、被解除，或者预告登记的权利人放弃债权的，应当认定为物权法第二十条第二款所称的"债权消灭"。

该案当事人没签仲裁协议,仲裁庭可否受理

申请人:韦某某
被申请人一:郑某甲
被申请人二:郑某乙

一、案情

申请人《仲裁申请书》称:2010 年 7 月 10 日,申请人与两名被申请人协商一致,由两名被申请人共同接受申请人委托,代申请人办理广东省西江林业局金鸡坑林场小柏木石场开采权(包括开采山地承包权和采矿许可证指标)的相关事宜。就上述委托事宜签订《委托合同书》时,被申请人郑某乙因故提出其不便在《委托合同书》上签名,要求由被申请人郑某甲代表其二人签署《委托合同书》,其认可二人共同接受韦植林委托,代办金鸡坑林场小柏木石场开采权相关事宜的事实。上述《委托合同书》约定:代办费为 680 万元(人民币,下同。含一年山地承包租金和采矿权证指标,不含税金和办证费用);申请人按如下方式向两被申请人付款:在签订合同后支付 50 万元订金(如采矿权许可证办理成功,则订金抵作代办金),石场石质符合申请人开采质量要求时支付认购采矿权指标费 100 万元,在取得林地使用证后支付 100 万元,取得采矿许可证后支付 280 万元,取得其他相关经营证照、安全生产许可证和石场配套装船码头批文,且两名被申请人协助解决石场通电和山地租赁手续后 30 个工作日内支付 150 万元;两名被申请人承诺确保为申请人办理好开采权登记手续,合法取得石场的开采经营权和相关经营许可手续,两名被申请人无法为申请人办理取得采矿许可证的,应在一周内将所收的申请人款项(包括采矿权价款等)全额退还给申请人,并按同期银行贷款基准利率计付利息;因合同引发的争议,协商不成的,任何一方有权向石场所在地的仲裁机构提出仲裁;合同自签章且申请人支付 50 万元订金之日起生效;等等。缔约后,申请人于 2010 年 7 月 12 日向两名被申请人支付了 50 万元订金,并于 2010 年 11 月 26 日支付了 100 万元,该 150 万元由申请人先支付给被申请人郑某甲,由其转交被申请人郑某乙。然小柏木石场开采权相关

事宜因两名被申请人原因而推进较为困难，直至 2014 年 10 月 31 日，两名被申请人首次正式告知申请人，其二人为申请人代办取得小柏木石场开采权的相关事宜已无法达成，无法为申请人代办取得金鸡坑林场小柏木石场采矿许可证等。因此，两名被申请人应于 2014 年 11 月 7 日前共同将收取申请人的上述共计 150 万元款项返还给申请人，然两名被申请人至今仍未返还。为维护自身合法权益，申请人向本会提起仲裁。

申请人仲裁请求为：

（1）依法裁决两名被申请人连带向申请人返还费用和利息（暂计）共 2 008 056 元（大写：贰佰万零捌仟零伍拾陆元整），其中费用为 150 万元，利息为 504 513 元（按中国人民银行同期贷款利率计算，其中 50 万元的利息为 173 085 元，自 2010 年 7 月 13 日暂计至 2016 年 5 月 10 日，即 50 万 ×5.94%/360 ×2098，100 万元的利息为 334 971 元，自 2010 年 11 月 27 日暂计至 2016 年 5 月 10 日，即 100 万 ×6.14%/360 ×1964）；

（2）依法裁决两名被申请人共同承担申请人为维权而支出的合理费用（包括但不限于律师费、交通费、食宿费等）；

（3）本案仲裁费由两名被申请人共同承担。

被申请人《民事答辩状》辩称：

（1）答辩人的行为及收取的款项均用于小柏木矿区的基本开支及基本报酬，因此应依法驳回被答辩人的请求。2010 年 7 月 10 日答辩人与被答辩人在充分协商酝酿的前提下签订以开办金鸡坑林场小柏木石场为目的《委托合同书》，遂后答辩人奔跑各方并做了大量的相关工作。在答辩人的努力下终于使被答辩人与广东省西江林业局金鸡坑林场签订了《开办石场合同书》，之后被答辩人成功取得《营业执照》及组建了公司。因此本案应驳回被答辩人的请求。

（2）本案中被答辩人应该起诉西江林业局金鸡坑林场，被答辩人在中山第二人民法院起诉 120 万元应当移交本委仲裁。①2010 年 11 月 10 日在答辩人的努力下成功地让被答辩人与西江林业局金鸡坑林场签订了《开办石场合同书》，之后被答辩人与林场有直接的法律关系，该关系由他们双方自行处理，因此本案被答辩人应该把西江林业局金鸡坑林场作为违法方起诉追究其违约责任。②被答辩人把本案所涉及的办场费用开支 120 万元在中山第二人民法院起诉，我方认为是违反法律规定，因此应把该 120 万元费用开支在本案中一起由肇庆市仲裁委员会作出仲裁裁决。

被申请人《补充答辩状》辩称：

（1）《委托合同书》属于附条件的民事行为该行为已经完成，申请人应该支付总额为 680 万元的"采矿权、开采山地承包权代办费"。2010 年 7 月 10 日答辩人与被答辩人在充分协商酝酿的前提下签订以开办金鸡坑林场小柏木石场为目的的《委托合同书》，逐后答辩人奔跑各方并做了大量的相关工作。在答辩人的努力下终于使被答辩人与广东省西江林业局金鸡坑林场签订了《开办石场合同书》，之后被答辩人成功取得《营业执照》并组建了公司。上述事实证明答辩人成就了如下工作：①获得采矿权许可证（50万元）；②采矿权指标（100万元）；③营业执照，签订《开办石场合同书》。因此被答辩人除了应支付前期150万元及120万元款项后，还应支付余下的410万元约定款项，该款项是否另外申请仲裁将视具体情况而定。

（2）法律依据。根据《中华人民共和国民法通则》第62条"民事法律行为可以附条件，附条件的民事法律行为在符合所附条件时生效"，本案中，双方约定的附条件行为已符合双方所约定，因此依法应按约定履行双方的义务，因此请求依法驳回申请人的仲裁请求。

二、审理

本案经开庭审理，根据申请人的陈述、举证以及庭审调查情况，仲裁庭查明：

2010年7月10日，申请人与被申请人签订《委托合同书》，主要约定了以下事项：

（1）被申请人接受申请人委托，代申请人办理广东省西江林业局金鸡坑林场小柏木石场开采权（包括开采山地承包权和采矿许可证指标）。

（2）代办费总额为680万元（含一年山地承包租金和采矿权证指标，不含税金和办证费用）。

（3）申请人向被申请人付款的进度为：合同订立后付订金50万元；确认石场石质符合开采要求后付认购采矿权指标费100万元；取得林地使用证后付100万元；取得采矿许可证后付280万元；取得其他相关经营证照、安全生产许可证及石场配套装船码头批文，并协助铺置10KVA高压电连通至石场、协助办理金鸡坑林场山地与大湾镇山地租赁相关手续后，在30个工作日内付150万元。

（4）被申请人承诺确保为申请人办理好采矿权登记手续，合法取得石场的开采经营权及相关经营许可证照；被申请人无法为申请人办理取得采矿许可证的，所收款项（包括采矿权价款等）须一周内全额退还给乙方，并按当期银行贷款基准利率计算利息支付给申请人。

（5）被申请人协助申请人开通大湾镇至石场的道路、防止村民干涉阻挠，为申请人顺利转签金鸡坑林场的山地承包合同。

（6）任何争议协商不成的，任何一方均有权向石场所在地的仲裁机构提出仲裁申请；合同自签章且申请人支付50万元订金之日起生效。

委托合同成立后，申请人向被申请人一郑某甲于2010年7月12日支付了订金50万元，2010年11月26日支付了代办费100万元，总共支付了150万元；

该批款项由被申请人一郑某甲向被申请人二郑某乙分期转交，转款总额150万元。另外，为推进待办事项进展，申请人还向被申请人以借款形式预付代办费120万元（已另案起诉于广东省中山市第二人民法院）。

两名被申请人收到150万元代办费后进行了一定工作，完成了砂岩详查并确认石质符合开采要求，但是一直没有取得合同约定的开采权。2014年10月31日，被申请人一郑某甲书面通知申请人合同委托事项无法达成。

另查明，2016年4月26日，申请人与广东君品律师事务所（以下简称委托方）签订《委托代理协议》，主要内容有：由委托方律师周兆勇、谢楚宁代理申请人参与本案仲裁；申请人向委托方支付前期代理费15 000元，结案后按15%支付代理费；代理权限为特别授权，包括代为承认、放弃、变更仲裁请求，参加调解、和解等。2016年5月20日，肇庆合兴矿业有限公司向委托方支付了律师费15 000元。

综上所述，仲裁庭裁决如下：

（1）被申请人向申请人退还扣除实际合理开支后的余款110万元，支付2014年11月1日至2016年8月19日的利息12.045万元，总计122.045万元。两名被申请人对本项裁决承担连带清偿责任。

（2）本案仲裁费18 485.40元，根据本案的胜败比例由双方分摊，由申请人承担本案仲裁费的39%，即7 209.30元，由两被申请人共同承担本案仲裁费的61%，即11 276.10元（该费已由申请人预交，本会不作退还，由两被申请人在履行裁决时径行向申请人支付11 276.10元）。

（3）驳回申请人的其他仲裁请求。

三、评析

本案的焦点问题之一是，合同当事人的主体适格问题。在涉案合同《委托合同书》中，被申请人二郑某乙并没有签名，也就是说郑某乙不是合同的签约方。对于这个问题，郑某乙在仲裁庭调查阶段提出自己未在合同上签名，因此不是合同当事人，不能列为被申请人。

对此，仲裁庭认为：

（1）被申请人二郑某乙接受了经被申请人一郑某甲转交的代办费用150万元且为履行委托合同约定的义务（办理采矿权）进行了相关工作，表明其接受合同规定的权利义务并进行了部分履行。

（2）本案的答辩和补充答辩，均是以两名被申请人名义进行且有两被申请人签名确认；答辩状和补充答辩状均载明："在充分酝酿的前提下签订以开办金鸡坑林场小柏木石场为目的《委托合同书》，逐后答辩人奔走各方并作了大量的相关工作。"这里答辩人系两名被申请人，并未将被申请人二郑某乙排除在外；

被申请人一郑某甲及两名被申请人代理人也指出采矿许可证具体由被申请人二郑某乙去办理。

（3）两名被申请人共同提交证据，共同在《当事人提交证据清单》下签名捺印，然而清单中并没有任何一份证据或材料说明郑某乙不是合同当事人或本案当事人。

（4）被申请人一郑某甲于2016年5月5日出具的《情况说明》证明，《委托合同书》签订时郑某乙因故提出不便在合同上签字，其认可两人共同接受申请人委托，代办金鸡坑林场小柏木石场开采权相关事宜。该证据已经过双方举证质证，真实性及内容的正确性已经过被申请人一郑某甲确认，被申请人二郑某乙对该证据亦未当庭表示异议，因此可以作为定案根据。

（5）被申请人郑某甲与郑某乙之间2010年7月30日、2011年9月29日的银行凭证的用途栏明确记载"办证"和"办证费"，郑某乙本人出具签名的《收据》均写明所接受的款项用途为"办证费"和"代办费用"，表明被申请人二郑某乙实际参与了合同履行。

综上所述，仲裁庭认为：根据最高人民法院《〈仲裁法〉解释》第9条规定，被申请人二郑某乙虽未在《委托合同书》上签字，但表示接受合同约定的权利义务且以实际行动参与了合同的部分履行，因此是合同的实际当事人，仲裁条款对其有约束力。

丈夫借钱妻子同意抵押，妻子是仲裁案的适格主体吗

申请人一：某银行股份有限公司肇庆某支行
申请人二：某银行股份有限公司肇庆分行
被申请人一：许某（男）
被申请人二：吴某（女）

一、案情

申请人述称：被申请人一许某男与被申请人二吴某女是夫妻关系。

2014年5月6日，就被申请人一向申请人一申请购房贷款事宜，本案双方经协商一致签订《个人二手住房贷款合同》，主要约定：

（1）申请人一向被申请人一提供借款26万元，借款期限180个月，用于购买住房；

（2）该借款执行浮动利率，浮动周期为12个月，即自实际放款日起每12个月按重新定价日的中国人民银行同档次贷款基准利率上浮20%作为下一浮动周期的利率；

（3）被申请人一如逾期还款，则应对逾期借款本金、利息按逾期贷款罚息利率向申请人一计付罚息；

（4）被申请人一根据"按月等额本息"方式自贷款发放次月起还款，每月6日偿还当期借款本息；

（5）被申请人一以及抵押物共有人被申请人二在《个人二手住房贷款合同》中的附件二签名捺手印确认提供本合同项下贷款所购房屋（房屋坐落：东城街道翠丽路五座32号）为抵押物，担保范围包括但不限于案涉贷款合同项下借款本金、利息、罚息、实现债权的律师费等费用；

（6）被申请人一如有逾期还款等违约行为，申请人一有权解除本合同，宣布贷款提前到期，要求被申请人一承担其实现债权的律师费等所有相关费用，并

行使担保物权；

（7）因履行本合同产生的争议纠纷提交肇庆仲裁委员会仲裁；上述合同签订经律师见证。

此后，申请人一向被申请人一指定账户发放借款 26 万元，实际发放贷款日执行月利率 6.54999‰。

申请人一按约发放贷款后，被申请人一自 2018 年 2 月 6 日（第 42 期）起开始逾期还款，至今逾期超过 4 期。经二申请人多次以电话、短信等方式催收无效，被申请人一至今未按照合同履行义务，严重违反合同约定。

根据上述合同/协议约定与现行法律规定，两名申请人认为：

（1）根据《个人二手住房贷款合同》通用条款第 3 条第 2 款第 5 项约定，申请人一有权解除本合同；

（2）根据《个人二手住房贷款合同》通用条款第 3 条第 2 款第 2 项约定，申请人一有权宣布贷款提前到期。

根据该贷款合同第 3 条约定，被申请人一应当按照约定的浮动利率计付利息。

根据该贷款合同第 3 条第 5 款第 1、4 项约定与《中国人民银行关于人民币贷款利率有关问题的通知》第 3 条规定，被申请人一应就其逾期借款本金、利息按所请求逾期贷款罚息利率计付拖欠本金的罚息、应收利息的罚息。

（3）根据《个人二手住房贷款合同》通用条款第三条第 2 款第 6 项约定，被申请人一作为严重违约方，应当承担本案申请人实现债权的律师费用等法律责任。同时，该费用金额符合《广东省物价局、司法厅律师服务收费管理实施办法》法律规定，该请求合法、合理。

（4）根据《个人二手住房贷款合同》第 8 条、通用条款第 2 条第 2 款约定，与《中华人民共和国担保法》第 33 条法律规定，申请人在担保范围内对被申请人一、被申请人二提供的抵押物享有优先受偿权。

（5）被申请人一与被申请人二系夫妻关系，该债务发生在夫妻关系存续期间且用于双方共同生活，并且被申请人二在作为《个人二手住房贷款合同》不可分割的组成部分附件二中，签名捺手印确认作为抵押物共有人将案涉购买的房产提供抵押担保。被申请人二应当对上述债务承担连带清偿责任。

（6）被申请人作为严重违约方，应当承担本案仲裁实际发生的相关费用。

（7）申请人一的行政公章已经核销，其与申请人二共享本案对二被申请人享有的债权及其抵押权。申请人二以申请人一的上级主管单位、共同债权人身份共同申请仲裁并以此通知二被申请人，二申请人的合法债权及抵押权应受法律支持。

综上，申请人申请仲裁，请求如下：

（1）解除申请人一与被申请人一签订的《个人二手住房贷款合同》；

（2）被申请人一向二申请人偿还借款本金人民币（下同）219 103.43 元及利息 4 273.73 元、拖欠本金的罚息 72.42 元、应收利息的罚息 64.63 元（利息、罚息暂计至 2018 年 5 月 18 日，并自 2018 年 5 月 19 日起至借款偿清日止，就拖欠借款按当期贷款利率（即中国人民银行公布的同期同档次贷款基准利率上浮 20%）计付利息、按当期罚息利率（即当期贷款利率上加收 50%）计付罚息；

（3）被申请人一承担申请人实现债权的律师费用 15 000 元；

（4）被申请人二在第（2）、（3）项申请请求款项范围内向申请人承担连带清偿责任；

（5）申请人对被申请人一、被申请人二为案涉贷款提供的抵押财产在本案第 2、3 项请求款项范围内享有优先受偿权；

（6）本案仲裁实际发生费用（不限于案件受理费、案件处理费、公告费）由两被申请人承担。

二、审理

依据当事人陈述及有效证据的分析，仲裁庭确认以下案件事实：

（1）被申请人一和被申请人二是夫妻关系，双方于 2004 年 12 月 8 日登记结婚。

（2）2014 年 4 月 14 日，被申请人一向申请人一提交了《个人房屋贷款申请表》，申请贷款金额 26 万元，期限 15 年，用于购买住房。

（3）2014 年 5 月 6 日，申请人一与被申请人一签订了中国银行股份有限公司《个人二手住房贷款合同》。合同对于贷款数额、期限、利率、罚息、还款方式、违约责任、抵押方式、抵押责任等事项作了约定。其中合同附件二《抵押物清单》载明：抵押物名称为房地产，数量 1 套，所在地为市东城区翠丽路五座 32 号，所有权或使用权归属为许某男。签署日期为 2014 年 5 月 6 日，吴某女在"抵押物共有人确认"项下签名、按指模。

（4）申请人一按约定于 2014 年 9 月 5 日，向被申请人一指定的案涉住房原产权人杜某某的银行账户发放贷款 26 万元。

（5）2014 年 8 月 15 日，案涉抵押房产在市住房建设局办理抵押登记手续，取得他项权。

（6）被申请人一自 2014 年 9 月 6 日开始还款，至 2018 年 1 月 6 日共还款 41 期；自 2018 年 2 月 6 日起开始出现逾期还款行为，截至 2018 年 7 月 11 日被申请人一已逾期还款超过 6 期，拖欠本金 6 062.63 元、利息 6 378.01 元，拖欠本金的罚息 134.03 元，拖欠利息的罚息 131.68 元。

综上，仲裁庭裁决如下：

（1）解除申请人一与被申请人一签订的《个人二手住房贷款合同》；

（2）被申请人一向二申请人偿还借款本金人民币（下同）219 103.43 元及利息 6 378.01 元、拖欠本金的罚息 134.03 元、应收利息的罚息 131.68 元（利息、罚息暂计至 2018 年 7 月 11 日，并自 2018 年 7 月 12 日起至借款偿清日止，就拖欠借款按当期贷款利率（即中国人民银行公布的同期同档次贷款基准利率上浮 20%）计付利息、按当期罚息利率（即当期贷款利率上加收 50%）计付罚息；

（3）被申请人一向二申请人支付二申请人为实现债权支出的律师费用 15 000 元；

（4）驳回关于被申请人二的仲裁申请；

（5）二申请人对被申请人一为案涉贷款提供的抵押财产市东城区翠丽路五座 32 号的拍卖、变卖价款在上述第（2）、（3）项裁决还款范围内享有优先受偿权；

（6）本案实际发生的仲裁费用，由被申请人一承担。

三、评析

在本案中，仲裁庭除了第（4）项裁决没支持申请人的仲裁请求外，对于其他请求悉数支持。仲裁庭为何驳回当事人的第（4）项仲裁请求？

仲裁庭认为，尽管被申请人一与被申请人二系夫妻关系，本案贷款发生在夫妻关系存续期间且用于购置夫妻双方共同所有的住房，申请人请求被申请人二对被申请人一的债务承担连带责任具有法律依据，但被申请人二并没在《个人二手住房贷款合同》上签字，她不是本贷款合同的当事人，她仅仅在抵押物清单上签字，仅表示同意提供抵押。贷款合同中的仲裁协议对她不具约束力，故仲裁庭无权审理对被申请人二的仲裁请求。

由此可见，仲裁审理案件与法院的明显不同之处就是协议管辖。我国《仲裁法》第 4 条规定："当事人采用仲裁方式解决纠纷，应当双方自愿，达成仲裁协议。没有仲裁协议，一方申请仲裁的，仲裁委员会不予受理。"对于仲裁而言，仲裁协议是受理案件、审理案件、裁决案件的前提，没有仲裁协议，案件根本不能进入仲裁实体程序。如果由法院审理此案，法庭支持当事人第（4）项请求是不存在法律障碍的，但仲裁庭不能这样处理，这也是仲裁的局限性。

是工程纠纷还是借款纠纷

——庭审中法律关系的调整

申请人：高要市某某装饰工程中心
被申请人一：肇庆市某某铝业有限公司
被申请人二：中国坊某实业有限公司

一、案情

申请人申请称：

2010年10月15日，申请人高要市某某装饰工程中心与被申请人一肇庆市某某铝业有限公司就被申请人厂区两期工程（肇庆市某某铝业有限公司工程）签订了《建设工程施工合同》，上述工程于2013年12月31日全部验收合格并交付使用。2014年3月6日申请人与被申请人一签订了《还款协议书》，确认被申请人一尚欠申请人工程款为7 906 437.64元（人民币，下同），被申请人一同意以拖欠的工程款为本金，按月利率1%计算支付利息，在每月1日前支付至本息还清时止（具体计算以双方确认的《某某工程偿还本息计算表》为准）。协议签订后，被申请人一没有按2014年3月6日双方签订的《还款协议书》履约，致使申请人未能按时每月收回本息，为此，双方于2016年6月27日再次签订《还款协议书》，确认被申请人一截至到2016年6月15日止，尚欠申请人工程款本金4 672 605.89元，被申请人一同意以拖欠工程款为本金，按月利率1%计算支付利息，每月1日前支付至本息还清时止。如被申请人一不能按时、足额支付任何一项款项，则被申请人一应承担申请人为实现债权所产生的全部费用，包括但不限于诉讼费、律师费、鉴定费、公告费、担保费、仲裁费等。上述款项均由被申请人二中国坊某实业有限公司提供连带担保。协议签订后，被申请人一并没有按约定还款付息，被申请人二也没有履行担保责任。无奈之下，申请人委托广东继海律师事务所的律师提起仲裁，追收工程款本息，为此申请人支出律师代理费152 968.60元。

为此申请人请求裁决：

（1）被申请人一肇庆市某某铝业有限公司立即支付拖欠申请人工程款本金人民币（下同）4 319 544.97 元及利息 46 075.15 元（利息以 4 319 544.97 元为基数，按月利率 1% 计算，暂从 2016 年 11 月 1 日起计至 2016 年 11 月 30 日止，以后计到还清时止）；

（2）被申请人一肇庆市某某铝业有限公司承担申请人律师费 152 968.60 元，财产保全费 5 000 元、财产保全保险费，与工程款本息一并归还给申请人；

（3）被申请人二中国坊某实业有限公司对上述款项承担连带清偿责任；

（4）本案的仲裁费用由两名被申请人承担。

二、审理

本案经开庭审理，仲裁庭查明的事实如下：

（1）2014 年 1 月 3 日，申请人与被申请人一就"肇庆市某某铝业有限公司工程"签订《工程结算书汇总表》，确认该工程造价合计 20 136 437.64 元。双方同时签订了《工程款收款确认》书，确认截至 2013 年 12 月 16 日，申请人已经收到被申请人一支付的工程款 12 230 000 元，被申请人一尚欠申请人工程款 7 906 437.64 元。基于这一事实，2014 年 3 月 6 日申请人与被申请人一、被申请人二签订了《还款协议书》（以下简称"2014 还款协议"），协议除了确认上述事实以外，还约定：本息的具体计算以双方确认的《某某工程偿还本息计算表》为准，表中约定截至 2014 年 5 月 1 日被申请人一欠申请人工程款本金人民币 7 906 437.64，欠息 1 267 793.28 元，合计 9 174 230.92 元，该表再以该 9 174 230.92 元为本金，自 2014 年 6 月 1 日起至 2016 年 5 月 1 日止，被申请人一每个月 1 日等额向申请人偿还本金 382 259.62 元，并按本金余额的 1% 支付利息；如被申请人一不能按时、足额支付任何一期款项，申请人有权向肇庆仲裁委员会申请全额仲裁尚欠的本协议第一条确定的本息，同时被申请人应承担申请人为实现债权所产生的全部费用。

（2）2016 年 6 月 27 日申请人与被申请人一、被申请人二重新签订《还款协议书》（以下简称"2016 还款协议"），约定：2014 年下半年被申请人一没能依照"2014 还款协议"履约，截至 2016 年 6 月 15 日被申请人一仍结欠申请人本金 4 672 605.89 元；被申请人一按月利率 1% 计算向申请人支付利息，且每月 1 日前支付至本息还清时止；如被申请人一不能按时、足额支付任何一期款项，自付款期限届满之日起 7 个日历日内，申请人有权向肇庆仲裁委员会申请全额仲裁尚欠的本协议第一条确定的本息，同时被申请人应承担申请人为实现债权所产生的全部费用，包括但不限于：诉讼费、律师费、公告费、担保费、仲裁费等；被申请人二为本协议的履行提供了担保。

（3）"2016 还款协议"签订后，被申请人一自 2016 年 6 月 24 日至 2016 年 10 月 28 日期间，通过广东农村商业银行共向申请人支付人民币 550 000 元，用于偿还本金 353 060.92 元和利息 196 939.08 元。自此以后，被申请人一没有再向申请人偿付过任何款项，被申请人二也没有履行担保责任。

（4）申请人为了实现本案债权，支出律师服务费 152 968.60 元，支付财产保全费人民币 5 000 元，支付财产保全担保费人民币 12 666.05 元，支付公告刊登费人民币 950 元。

基于本案事实，仲裁庭裁决如下：

（1）被申请人一向申请人支付本金人民币 4 319 544.97 元，支付 2016 年 11 月 30 日之前所欠利息人民币 46 075.15 元，支付自 2016 年 12 月 1 日起至本裁决确定全部履行之日止按所拖欠本金的月利率 1% 计算的利息。

（2）被申请人一向申请人支付律师服务费人民币 152 968.60 元、财产保全费人民币 5 000 元、财产保全担保费人民币 12 666.05 元、公告刊登费人民币 950 元。

（3）被申请人二对上述第（1）、（2）项裁决确定由被申请人一应付的款项承担连带清偿责任。

（4）本案仲裁费人民币 29 553.80 元由两被申请人承担。

三、评析

申请人申请仲裁时，是按照工程纠纷法律关系提起仲裁的，但仲裁庭认为本案为欠款合同纠纷，而非工程纠纷。这是因为，引发该欠款争议的工程已全部验收合格并交付使用，申请人与被申请人一、被申请人二对此不存在任何异议，双方专门就余款的偿还问题签订了"2016 还款协议"。"2016 还款协议"签订后，形成了新的借贷关系。双方争议的内容，是该还款协议的履行问题。所以，仲裁庭适用民间借贷的有关法律规定审理裁决该案件。

法律关系一般来说是由主体、客体和内容三个要素构成的，这三个要素相互联系，彼此作用，缺其中一种也不会构成法律关系。明确法律关系通俗来讲就是我们日常生活中碰到的"定性"问题，这是准确适用法律的前提。申请人申请仲裁时，往往从维护自己的利益最大化的原则出发，主张争议属于何种法律关系。仲裁员在审理案件时，在充分调查的基础上，应当首先理清法律关系，然后根据确定的法律关系，适用相关法律。

该案的合同争议既约定法院又约定仲裁时该如何处理

申请人：广东某园林装饰公司
被申请人：肇庆市某某林业局

一、案情

（一）申请人提出仲裁请求

申请人与被申请人肇庆市某某林业局于2012年5月28日签订《广梧高速公路肇庆高要马安至白诸段铁丝网外两侧20～50米宽生态景观带种植（林地部分）施工合同》项目面积381.6亩，地段集中在马安和白诸镇，总里程约13千米（单向）工作任务包括林地清理、整地、回土与施放基肥、苗木规格、栽植、抚育与追肥。采购项目中标金额为226万元。合同签订后，申请人依施工合同进场施工，被申请人委托监理单位为广州沛森园林景观设备设计有限公司负责施工质量的检查监督及验收。

在生态景观带种植施工过程中，至2015年6月止，被申请人支付了申请人工程款65万元，双方又于2015年7月24日，签订了《广梧高速公路肇庆高要马安至白诸段铁丝网外两侧20～50米宽生态景观带种植（林地部分）施工合同的补充协议》，重新约定了生态景观带补植、抚育的施工任务：①2015年10月30日前完成死树、缺株的备耕打穴以及对原成活的树木进行抚育；②2016年3月底完成补植；③2016年5月、9月各抚育一次。关于工程金额由于前期已支付工程款65万元给申请人，补充协议工程金额按余下的161万元计算。

双方补充协议约定如下的付款及结算方式，本项目款项以人民币转账方式支付，实行按工序分阶段支付工程款的方式，具体为：①2015年10月30日前完成死树、缺株的打穴以及对原成活的树木进行抚育，验收合格支付30%；②2016年3月底完成补植，4月底初步验收，成活率达到95%以上，支付40%；③2016

年5月、9月各抚育一次，10月总验收，成活率达到90%以上，支付30%。

申请人按照补充协议的约定按时按质进行施工，从2015年8月26日至2015年10月29日，共完成14个作业段共381.6亩的备耕打穴工作与第一次抚育工作，并经验收合格，被申请人在这阶段支付了申请人工程款483 000元，占工程款30%，申请人从2016年3月1日至2016年3月31日，共完成14个作业段共计364.5亩的苗木补植工作，并经验收合格，被申请人在这阶段支付了申请人工程款615 020元，占工程款38.2%，申请人分别于2016年5月和9月进行了第二次、第三次抚育工作，共完成抚育施工面积316.5亩，并经验收合格，本阶段施工面积比第二阶段面积364.5亩减少48亩，是由于建设单位未租土地，并且当地村民反对阻挠，申请人无法进行抚育工作，第三阶段工程款应为483 000元。

申请人自2012年6月林地清理，补植至2015年11月6日补充协议后第一次抚育施工、备耕打穴面积均为381.6亩（设计面积的100%）。并且根据被申请人的要求在原启动仪式和义务植树点的施工作业，都是成片山头种植，现计算面积上只按照20米带状计算面积，申请人认为应按实际施工，启动仪式和义务植树点应增加施工计算面积50亩。

被申请人某某林业局认为应按第三阶段抚育施工面积316.5亩（占设计面积82.9%）计算支付申请人项目总工程款是错误的，也是毫无理据的，既违反了双方补充协议对工程付款结算方式是实行按工序分阶段支付工程款的方式的约定，也违反了补充协议关于"本补充协议工程金额按余下的壹佰陆拾壹万元整（1 610 000元）计算"的约定，对申请人极不公平。

申请人已经完全履行了双方签订的施工合同及补充协议约定的施工任务与工作内容，并且经验收合格，被申请人应依约支付申请人余下工程款161万元，直至现在，被申请人只支付1 098 028元，还拖欠申请人511 972元。申请人多次向被申请人追讨余下工程款，但被申请人拒付工程款，被申请人应承担违约责任并支付10万元违约金给申请人。

申请人为了维护合法权益，根据双方在施工合同中约定的仲裁条款"本合同发生争议，由双方协商或调解解决，协商或调解不成时，由合同签订所在地仲裁机构或向签订合同所在地人民法院起诉"，向本仲裁委员会提出仲裁申请，请求依法裁决：

（1）裁决被申请人向申请人支付拖欠工程款人民币511 972元；

（2）裁决被申请人向申请人支付违约金100 000元；

（3）裁决本案仲裁费由被申请人承担。

（二）被申请人的答辩意见

1. 关于"裁决被申请人向申请人支付拖欠工程款人民币511 972元"之仲裁请求，于法无据，应予驳回

(1) 被答辩人广东某园林装饰有限公司与答辩人于 2012 年 5 月 28 日签订《广梧高速公路肇庆高要马安至白诸段铁丝网外两侧 20~50 米宽生态景观带种植（林地部分）施工合同》，在施工过程中，被答辩人存在大量不按合同和作业设计规定的要求进行施工的情况：①2012 年 6 月 14 日，因苗木规格没达到作业设计要求，被监理单位出具《整改通知书》；②2012 年 6 月 19 日，因林地清理、植穴规格、苗木规格不符合设计要求以及施工进度缓慢被监理单位出具《整改通知书》；③2013 年 1 月 8 日，因林地清理、整地挖穴、苗木质量、施工进度不符合作业设计和合同要求，被监理单位出具《整改通知书》；④2013 年 1 月 15 日因整地挖穴、苗木质量、施工进度不符合作业设计和合同要求，被监理单位出具《整改通知书》；⑤2013 年 1 月 21 日，因整地挖穴、苗木质量、抚育施工进度不符合作业设计和合同要求，被监理单位出具《整改通知书》；⑥2013 年 9 月 13 日，因施工进度、不符合设计要求的苗木未置换、未对苗木三角支撑，被监理单位出具《整改通知书》。

(2) 根据监理单位广州沛森园林景观设计有限公司 2014 年 10 月《广梧高速公路肇庆高要马安至白诸段铁丝网外两侧 20~50 米宽生态景观带种植（林地部分）项目监理报告》，三年合同期内被答辩人须完成六次抚育，被答辩人只实施了四次，且仅有一次是合格的；被答辩人存在因成活率未能达到合同要求而不认可共同验收结果要求终止验收，致验收工作未能继续的劣行。综上所述，被答辩人是一个缺乏诚信，不尊重合同守信誉的企业。

(3) 根据答辩人与被答辩人在 2015 年 7 月 24 日签订的《广梧高速公路肇庆高要马安至白诸段铁丝网外两侧 20~50 米宽生态景观带种植（林地部分）施工合同的补充协议》（以下简称《补充协议》）第 2 条第 1 款规定"本采购项目中标金额为（大写）：贰佰贰拾陆万元整（2 260 000 元），到目前为止，已支付工程款陆拾伍万元整（650 000 元）。按照甲方 2015 年 6 月 9 日的班子会议纪要提出的工程量和总投资金额不变的原则，本补充协议工程金额按余下的壹佰陆拾壹万元整（1 610 000 元）计算"和第 2 款"结算时，以验收合格的实际发生工程量为准"以及第 7 条第 1 款"本协议生效后，即成为原协议不可分割的组成部分，与原协议具有同等的法律效力。除本协议中明确所作修改的条款之外，原协议的其余部分应完全继续有效"。

根据监理单位的工程结算报告，总验收合格面积仅为 316.5 亩，占设计面积 381.6 亩的 82.9%。所以，总工程款为 226 万元，被答辩人只完成了其中的 82.9%，结算总工程价款应为 2 260 000×82.9%，即 1 873 540.00 元，答辩人第一期已支付被答辩人 650 000.00 元，第二期已支付 483 000.00 元，第三期已支付 615 020.00 元，合计已支付 1 748 020.00 元，应支付被答辩人工程余款为 125 520.00 元。

(4) 根据《施工合同》第 2 条"施工地段任务及质量标准。造林当年成活率≥98%以上，三年后项目移交成活率及保存率95%以上"和第11条第2款之（2）"出现下列现象的，而由此所造成的经济损失由供方负责……（2）管护期内，供方没有履行管护责任，而造成树苗发生病虫害、死亡、长势差等现象"，被答辩人自2012年6月林地清理，至2015年11月6日补充协议后第一次抚育、备耕打穴面积均为381.6亩，但最终到移交质量标准的只有316.5亩。因此，对未达移交质量标准的面积，被答辩人无权要求支付工程款。

综上所述，"被申请人向申请人支付拖欠工程款人民币511 972元"之仲裁请求，于法无据，应予驳回。

2. 关于"裁决被申请人向申请人支付违约金100 000元"之仲裁请求，因无事实和法律依据，依法应予以驳回

工程总验收后，答辩人按照总合格面积316.5亩计算应支付余下工程款125 520.00元，被答辩人于2016年12月29日向答辩人书面表达因不同意工程结算报告的计算方法，经双方协商，同意先咨询答辩人的法律顾问，答辩人和被答辩人先后两次当面请教了法律顾问，法律顾问均支持按答辩人的结算方法。2017年1月12日下午3点，被答辩人、答辩人、工程项目监理在肇庆市某某林业局就项目工程款项支付问题再次进行协商，被答辩人坚持要答辩人支付工程余款511 972.00元，答辩人认为应支付工程余款125 520.00元，由于双方分歧大，无法达成一致，被答辩人因此拒在工程验收证明书等结算材料上签名盖章，致使工程余款无法支付，并非答辩人拒付。因此，答辩人并未违约，被答辩人的该项仲裁请求缺乏事实依据，依法应予驳回。

3. 根据《施工合同》第11条第3款"供方逾期完成建设工程的，供方向需方每日支付总工程款0.5%的违约金"，2015年5月29日至2015年7月23日，被答辩人共逾期56日，每日应支付违约金11 300.00元，56日共应支付违约金632 800.00元。

4. 被答辩人提到的启动仪式处和种植点，是由答辩人组织种植，非答辩人要求被答辩人种植，其中20米宽范围内属施工合同和作业设计规定应由被答辩人完成的，作业设计外不受施工合同和补充协议约束的面积，经初步测算约为13.3亩，非被答辩人所讲的50亩。此点被答辩人所述与事实不符。

综上所述，答辩人提出：

（1）请仲裁委员会依法裁决驳回被答辩人的仲裁请求；

（2）请仲裁委员会依法裁决被答辩人向答辩人支付工程余款125 520.00元；

（3）请仲裁委员会依法裁决被答辩人向答辩人支付逾期完成工程违约金63.28万元；

（4）请仲裁委员会依法裁决本案仲裁费由被答辩人承担。

此外，被申请人于2017年7月27日提交《致肇庆仲裁委员会的函》确认，放弃上述仲裁答辩书第（3）项关于要求申请人支付违约金的答辩要求。

二、审理

仲裁庭经过庭审调查,并对双方进行了调解,申请人和被申请人一致确认,项目合同总面积为 381.6 亩。另外,双方还存在原施工合同作业设计外的植树点的工程款争议问题。对该争议,申请人认为是 50 亩左右,被申请人则认为经过测算的面积约为 13.3 亩。鉴于作业设计外的面积测算和费用计算较为复杂、可能需要委托评估等问题,双方当事人本着平等协商、相互理解的原则,一致同意按照面积为 13.3 亩及全部工作量的 70% 进行计算。仲裁庭作出如下裁决:

(1) 被申请人向申请人支付合同作业设计范围内逾期未支付的工程款人民币(下同)400 407 元以及违约金 100 000 元。

(2) 被申请人向申请人支付合同作业设计范围外尚未支付的工程款 25 069 元。

(3) 本案仲裁费为 10 751.8 元,由申请人承担仲裁费用 1 651.8 元,被申请人承担仲裁费用 9 100 元。

三、评析

本案争议,有两个比较突出的焦点,一是仲裁协议问题,二是合同外的附加施工作业争议。

(一) 关于仲裁协议

当事人之间签订的《广梧高速公路肇庆高要马安至白渚段铁丝网外两侧 20~50 米宽生态景观带种植(林地部分)施工合同》第 12 条约定"本合同发生争议,由双方协商或调解解决,协商或调解不成时,由合同签订所在地仲裁机构或向签订合同所在地人民法院起诉"。合同附有在肇庆税务部门购买纳税的印花税票,可以证明合同签订地在肇庆。

《最高人民法院关于适用〈中华人民共和国仲裁法〉若干问题的解释》第 7 条规定,"当事人约定争议可以向仲裁机构申请仲裁也可以向人民法院起诉的,仲裁协议无效。但一方向仲裁机构申请仲裁,另一方未在仲裁法第二十条第二款规定期间内提出异议的除外。"《仲裁法》第 20 条规定"当事人对仲裁协议的效力有异议的,可以请求仲裁委员会作出决定或者请求人民法院作出裁定。一方请求仲裁委员会作出决定,另一方请求人民法院作出裁定的,由人民法院裁定。当事人对仲裁协议的效力有异议,应当在仲裁庭首次开庭前提出。"

基于此,申请人依合同约定之条款向本仲裁委员会提出仲裁请求,当事人在仲裁庭首次开庭前没有对仲裁协议的效力提出异议,本仲裁委员会具有管辖权。

据此，仲裁庭进行了审理并裁决。

（二）关于合同外的附加施工作业结算争议问题

该部分工程争议没有任何合同约定，也无争议解决方式的约定，双方均无提供任何证据。申请人认为该工程是被申请人临时要求增加的，被申请人认可这一事实。申请人认为该部分工程是 50 亩左右，被申请人则认为经过测算的面积约为 13.3 亩。根据这些情况，通常情况下仲裁庭会劝说当事人另案处理该争议。但考虑到仲裁关于效率与公平的原则要求，仲裁庭当庭询问当事人，是否愿意把这一问题提交仲裁庭审理，获得了当事人的认可后，仲裁庭促成了当事人庭外和解，并在裁决书中确认这一调解结果。

公车拍卖仲裁案

申请人：岑某某
被申请人：广东某某拍卖有限责任公司
第三人：某某县卫生和计划生育局

一、案情

（一）申请人提出仲裁请求

申请人申请称：

2016年4月22日，申请人参加某某县公车改革处置车辆第二场拍卖会。以7.1万元的价格拍得46号标的物粤HV137X丰田牌轿车（该车辆原车属单位为某某县卫生和计划生育局，并由某某县卫生和计划生育局委托某某县公共资源交易中心拍卖，该车的拍卖由被申请人广东某某拍卖有限责任公司具体实施），并当场与被申请人签订《拍卖成交确认书》，但在2016年4月24日，申请人发现粤HV137X轿车已不在原拍卖时的存放地点存放，并在某某县雄运修理厂（柴仓加油站斜对面）发现该车。经现场查看，发现该车前盖被拆开，且车辆发动机已被拆卸，不知所踪。

由于车辆已被损坏，车辆的发动机头已不知所踪。2016年4月25日，申请人履行不安抗辩权，到某某县公共资源交易中心处反映情况，并书面提交《关于拍卖行为相关事项的申请》给某某县公共资源交易中心，明确要求某某县公共资源交易中心对车辆的情况提供相应证明或担保。并表示某某县公共资源交易中心未对车辆提供相应证明或担保前，申请人将延迟交付拍卖款及佣金，直到提供相应证明及担保为止。若某某县公共资源交易中心在《拍卖成交确认书》约定支付拍卖款的期限前，仍未向申请人提供相应证明或担保，申请人将解除拍卖合同，并要求某某县公共资源交易中心双倍返还保证金。申请人不承担任何因违反《拍卖成交确认书》或此次拍卖活动产生的责任。某某县公共资源交易中心知悉情况后，说会向领导反映，但未见作任何表示。

因《拍卖成交确认书》约定的交款期限到2016年4月26日,但某某县公共资源交易中心在知悉情况后,未向申请人提供相应的证明或担保,也未作出任何回应。4月26日,申请人向某某县公共资源交易中心书面提交《关于延迟交付拍卖款的申请》,请求延迟交付拍卖款。原车属单位某某县卫生和计划生育局也发函《关于粤HV137X小车有关情况的说明》到某某县公共资源交易中心,告知车辆未能正常点火,且已拆掉发动机检查,发现情况严重,暂不能确定何时能将车交付,希望某某县公共资源交易中心同意延迟交付拍卖款,待车辆处理好之后才交付款项。某某县公共资源交易中心收下《关于延迟交付拍卖款的申请》和《关于粤HV137X小车有关情况的说明》,并表示会继续向领导反映。

4月27日,由于某某县公共资源交易中心以及某某县卫生和计划生育局在《拍卖成交确认书》约定支付拍卖款的期限前,仍未向申请人提供车辆的相应证明或担保。申请人向某某县公共资源交易中心书面提交《关于撤销拍卖行为以及要求返还保证金的申请》,要求撤销申请人对粤HV137X轿车的拍卖行为,解除拍卖合同,并确认申请人不承担任何因违反《拍卖成交确认书》或此次拍卖活动产生的责任。

4月28日,原车属单位某某县卫生和计划生育局也再次发函《关于粤HV137X小车有关情况的说明》到某某县公共资源交易中心。明确表示现车辆发动机损坏严重,不能正常交付车辆,并同意撤销此次拍卖行为。

根据《合同法》第94条,有下列情形之一的,当事人可以解除合同:①因不可抗力致使不能实现合同目的;②在履行期限届满之前,当事人一方明确表示或者以自己的行为表明不履行主要债务;③当事人一方迟延履行主要债务,经催告后在合理期限内仍未履行;④当事人一方迟延履行债务或者有其他违约行为致使不能实现合同目的;⑤法律规定的其他情形。现原车属单位某某县卫生和计划生育局已明确表示车辆发动机损坏严重,已不能正常交付,即拍卖合同可以解除。

综上所述,某某县卫生和计划生育局委托某某县公共资源交易中心拍卖粤HV137X车辆,申请人在公车拍卖会拍下的车辆,后因某某县卫生和计划生育局原因导致车辆无法交付,某某县卫生和计划生育局已明确表示车辆已损坏,不能正常交付,同意撤销此次拍卖。

申请人的仲裁请求如下:
(1)撤销申请人与被申请人的《拍卖成交确认书》;
(2)本案全部仲裁费用由被申请人承担。

本会立案后,申请人申请追加某某县卫生和计划生育局以第三人身份参加仲裁。仲裁庭予以驳回。

庭审中,申请人变更其第1项请求为"解除申请人与被申请人的《拍卖成交确认书》。"

（二）被申请人的答辩意见

被申请人辩称：

（1）被申请人是通过某某县财政局的公开招标成为某某县公务用车拍卖机构，但某某县财政局在涉案车辆成交后从没有口头或书面通知被申请人撤销或解除申请人于2016年4月22日在某某县公车改革处置车辆第二场拍卖会上成交的46号标的粤HV137X丰田牌轿车《拍卖成交确认书》。某某县财政局作为委托拍卖法律关系中的委托方，对拍卖标的的处置拥有绝对的权利，被申请人依法对涉案车辆拍卖成交并与申请人（买受人）签订《拍卖成交确认书》，买卖的法律关系已经确立。在委托方没有通知被申请人对涉案车辆的成交进行撤销或解除的情况下，被申请人是不可能撤销或解除与申请人签订的《拍卖成交确认书》的。

（2）申请人提出的仲裁请求是："撤销申请人与被申请人的《拍卖成交确认书》。"根据我国《合同法》第54条的规定：下列合同，当事人一方有权请求人民法院或者仲裁机构变更或者撤销：①因重大误解订立的；②在订立合同时显失公平的。一方以欺诈、胁迫的手段或者乘人之危，使对方在违背真实意思的情况下订立的合同，受损害方有权请求人民法院或者仲裁机构变更或者撤销。当事人请求变更的，人民法院或者仲裁机构不得撤销。本次拍卖涉案车辆的成交均不存在法律规定可撤销的事由，申请人提出撤销《拍卖成交确认书》是没有事实和法律依据的，依法不能撤销。

（3）申请人根据《合同法》第94条的规定，认为原车属单位某某县卫生和计划生育局已明确表示车辆发动机损坏严重，已不能正常交付，即拍卖合同可以解除。被申请人认为：①《拍卖成交确认书》签订的双方当事人是被申请人和申请人，被申请人作为合同的当事人从没有向申请人明确表示或以自己的行为表明不履行交付拍卖成交的涉案车辆；②某某县卫生和计划生育局不是签订《拍卖成交确认书》中的当事人，其2016年4月28日出具的《关于粤HV137X小车有关情况的说明》中提及"现经与车主协商，同意撤销此次拍卖行为"是没有法律效力的，被申请人无需履行；③在申请人向被申请人提出仲裁申请后，经被申请人向某某县公共资源交易中心了解，涉案车辆粤HV137X丰田牌轿车现可正常使用，完全可以交付，这与申请人所陈述的事实不符。

（4）本次涉案的标的是二手车辆，必然存在瑕疵，在涉案车辆能正常使用和交付的情况下，并依据《拍卖成交确认书》中第10条第3款的约定："一旦竞买成功，即表明买受人已充分了解和接受竞价标的物可能存在的瑕疵以及因本次竞价交易产生的一切风险。买受人不能以任何理由退回拍卖标的物或拒付拍卖成交价款和拍卖佣金。"因此，被申请人认为，被申请人与申请人签订的《拍卖成交确认书》依法不能解除，申请人应按照《拍卖成交确认书》的约定履行付款及办理车辆交接过户的义务。

被申请人还辩称：申请人没有根据双方签订的《拍卖成交确认书》的约定支付款项，申请人已违约。

综上所述，被申请人请求仲裁委查明本案事实，正确适用法律，依法驳回申请人的全部仲裁请求。

二、审理

仲裁庭结合对证据的采信及庭审调查情况，查明如下事实：

被申请人通过某某县财政局的公开招标成为某某县公务用车拍卖机构。2016年3月28日，某某县卫生和计划生育局委托某某县公共资源交易中心拍卖包括涉案车辆在内的五台车辆。

2016年4月22日，被申请人在某某县辉鹏二手车交易市场举行"某某县公车改革处置车辆第二场拍卖会"，涉案车辆为第46号拍卖标的物。当时涉案车辆停放在某某县辉鹏二手车交易市场的露天场地内展示，申请人参加了该场拍卖会，并在展示期查看了涉案车辆。经过竞拍，申请人以7.1万元的价格拍得涉案车辆，并与被申请人签订了合同编号为20160422-46的《拍卖成交确认书》。

随后，涉案车辆被某某县卫生和计划生育局拖走检查、维修，申请人发现后，向某某县公共资源交易中心及被申请人递交《关于拍卖行为相关事项的申请》，认为拍卖人未能保管好涉案车辆，交付前的风险由出卖人承担，并认为其可行使不安抗辩权，在某某县公共资源交易中心提供相应证明或担保前，将延迟交付拍卖款及佣金。2016年4月26日，某某县卫生和计划生育局出具《关于粤HV137X小车有关情况的说明》，确认该局于拍卖成交后拖走涉案车辆进行检查、维修，且不能确定何时可交付车辆。2016年4月27日，申请人向某某县公共资源交易中心及被申请人递交《关于撤销拍卖行为以及返还保证金的申请》，请求解除拍卖合同，双倍返还保证金。2016年4月28日，某某县卫生和计划生育局再次出具《关于粤HV137X小车有关情况的说明》，再次确认该局于拍卖成交后拖走涉案车辆进行检查、维修，不能正常交付车辆，同意撤销此次拍卖行为。

根据以上事实，裁决如下：

（1）自本裁决书作出之日起解除申请人岑某某与被申请人广东某某拍卖有限责任公司于2016年4月22日签订的《拍卖成交确认书》。

（2）本案仲裁费人民币3130元，由被申请人承担。

三、评析

案件涉及以下几个法律问题：

(一)《拍卖成交确认书》可否解除

《拍卖成交确认书》符合合同的要件，属于合同范畴，其已依法成立并已发生法律效力，对双方均具有约束力。根据《拍卖成交确认书》第 10 条的约定，本次拍卖标的物按现状拍卖，庭审中，双方均确认拍卖时涉案车辆停放在某某县辉鹏二手车交易市场的露天场地内。根据《拍卖法》第 19 条的规定和被申请人提交证据 2《招标文件》中的《广东省某某县政府采购项目合同（分包 2）》第 2 条第 4 点的约定，在依约定交付申请人前，被申请人有义务保管涉案车辆。因此，被申请人有义务按拍卖时的现状保管至交付给申请人之时。现双方均确认涉案车辆已于拍卖后交付期限前被某某县卫生和计划生育局拖走、掌控。同时，某某县卫生和计划生育局亦书面确认其将涉案车辆拖走进行检查维修，不能正常交付车辆。由于被申请人未能保管好涉案车辆，致使不能按拍卖时的现状交付给申请人，申请人根据《合同法》第 94 条的规定，请求解除合同有理有据。

(二) 申请人应否先按《拍卖成交确认书》的约定履行付款义务

申请人在发现涉案车辆已被拖走且停放在修理厂后，已向某某县公共资源交易中心及被申请人发出通知，要求提供相应证明或担保，但未能得到回应。根据《合同法》第 68 条、第 69 条的规定，申请人可行使不安履行抗辩权，中止履行付款义务。不安抗辩权是指当事人互负债务，有先后履行顺序的，先履行的一方有确切证据表明另一方丧失履行债务能力时，在对方没有履行或者没有提供担保之前，有权中止合同履行的权利。规定不安抗辩权是为了切实保护当事人的合法权益，防止借合同进行欺诈，促使对方履行义务。行使不安抗辩权必须符合两个条件：一是双方当事人因同一双务合同而互负债务，并且该两项债务存在对价关系。二是后给付义务人的履行能力明显降低，有不能为对待给付的现实危险。错误行使不安抗辩权，应当承担违约责任。

(三) 仲裁中的第三人制度

本会仲裁中，申请人申请追加某某县卫生和计划生育局以第三人身份参加仲裁，但被驳回。这就涉及仲裁的第三人制度。

第三人制度是对合同相对性原则的突破，国际上在诉讼领域普遍存在第三人制度，但仲裁领域基本不存在此制度。随着国际争议的日益增多和日趋复杂，涉及仲裁协议的当事人以外的第三人的情况客观存在，基于合同债权债务的转让、法人的合并、分立、代理、代位权和撤销权的行使、仲裁裁决的执行等均可能对非仲裁协议的订立者——仲裁第三人产生重大的影响。我国的《仲裁法》对于仲裁第三人制度没明确规定，所以在仲裁审理阶段，我国的仲裁机构还不能像法院那样按照《民事诉讼法》的规定传唤第三人出庭。在实践中，如果遇到一些案件必须需要询问第三人才能查清案情的，就以证人身份通知第三人出庭，但出庭必须以自愿为原则。最高人民法院于 2018 年 2 月 23 日发布《关于人民法院办理仲裁裁决执行案件若干问题的规定》，在仲裁案件的执行阶段引入了第三人制度。

仲裁是否引入第三人制度，实务界和学术界对此争议很大。有学者认为，引入第三人制度，有利于仲裁庭全面地查清案件，增进仲裁的权威。但也有学者认为，第三人制度与自愿仲裁的原则相背离，而且会影响仲裁的效率。

两个合同中，应以哪个合同作为裁决的基本依据

申请人一：邹某某
申请人二：孔某某
被申请人：刘某某

一、案情

（一）申请人的仲裁请求

申请人（卖方）称，申请人邹某某、孔某某经端州区星星物业代理服务部介绍，与被申请人（买方）刘某某于2017年8月14日签订了《房地产买卖合同》（以下简称《合同1》）。《合同1》第4条约定：被申请人向申请人支付第一部分房款为定金100 000元，被申请人在签署本合同时向申请人支付。第二部分房款为首期款（不含定金）50 000元整，申请人向银行还款当天支付。《合同1》第11条约定：违约方须承担守约方应向经纪方支付的中介服务佣金。若被申请人逾期10日仍未履行支付房款的，申请人有权解除合同并要求被申请人承担定金违约责任。《合同1》第12条约定："买卖双方同意如产生合同纠纷，先协商解决，协商不成可直接向该合同物业所在地人民法院起诉。所产生的诉讼费、律师费由违约方支付。"签订合同当日，申请人依约收取了被申请人的100 000元定金，并向被申请人出具了收据。后被申请人没有在申请人向银行提出提前还款解押当天，向申请人支付第二部分房款。申请人多次催被申请人支付无果。

申请人为了合同能够继续履行，于2017年9月21日与被申请人协商一致，对《合同1》部分事项进行补充变更，并签订《房地产买卖合同》（以下简称《合同2》）。《合同2》第2条约定：被申请人合同签订之日向申请人支付定金100 000万元。被申请人应于2017年10年30日前支付第一期房款305 000元（包含定金）。《合同2》第6条约定：被申请人逾期15日未付清应缴购房款时，

作为被申请人违约处理，本合同即告解除，被申请人所交定金，申请人不予退还，被申请人另赔偿申请人 100 000 元整的违约金。《合同 2》第 8 条约定：本合同履行过程中发生争议，向肇庆仲裁委员会提起仲裁。

《合同 2》签订后，被申请人也没有依约履行支付购房款的义务，经申请人多次催促被申请人仍不履行。因此，不论按照《合同 1》约定，还是按照《合同 2》约定，被申请人都已经构成违约，申请人有权解除合同，并要求被申请人承担违约责任。

申请人具体的仲裁请求如下：

（1）裁决解除申请人与被申请人于 2017 年 8 月 14 日签订的《房地产买卖合同》和 2017 年 9 月 21 日签订的《房地产买卖合同》；

（2）裁决由申请人没收被申请的 100 000 元定金，并裁定被申请人向申请人另行赔偿 100 000 元违约金；

（3）裁决被申请人向申请人支付 13 000 元买卖中介服务佣金；

（4）裁决被申请人承担申请人的律师费 6 000 元；

（5）由被申请人承担本案全部仲裁费用。

（二）被申请人答辩

被申请人辩称：

（1）被申请人并不存在申请人所称的"买方（被申请人）未在卖方（申请人）向银行提出提前还款解押当天，向卖方支付第二部分房款。卖方多次催买方支付无果"的违约情形，申请人的主张与事实不符。

根据双方签订的《合同 1》第 4 条第（二）项约定："卖方向银行还款当天，买方向卖方支付首期款伍万元，并指定该款项用于银行提前还款解押。"另第 9 条第（一）项同时规定："如果卖方的房屋出现不动产权证有银行抵押，卖方应当在签订本合同之日起 3 个工作日内向银行申请还款（如果存在逾期供款，卖方应当还清逾期供款）并承担还款的一切手续费用，到房产交易中心办理注销抵押手续。如果卖方需买方的定金和首期款作银行还贷解押，买方应在银行通知还款当天起 3 个工作日内支付款项给卖方。"

根据上述两个条款的规定，可以确定双方的义务如下：①申请人应当在签订本合同之日起 3 个工作日内向银行申请还款（如果存在逾期供款，卖方应当还清逾期供款）并承担还款的一切手续费用，到房产交易中心办理注销抵押手续；②被申请人应在银行通知还款当天起 3 个工作日内支付款项给卖方。本案，申请人并没有在合同签订之后 3 个工作日内向银行申请还款等相关手续，也没有到房产交易中心办理注销抵押手续，由此可见申请人存在违约在先的情形。相反，被申请人从来没有收到银行通知还款的相关通知或告知，所以被申请人根本不存在逾期付款的违约情形。

事实上，被申请人为确保合同可以继续履行，按照合同约定积极配合申请人和中介方办理购房银行还款手续。此外，由于申请人久久没有按照合同约定办理银行还款手续和注销抵押手续，被申请人多次通过各种方式（包括邮寄书面告知书），通知申请人尽快履行银行还款手续和注销抵押手续。由此可见，被申请人并不存在任何违约情形，反而是申请人违背诚实信用原则和违反合同约定多次违约拖延和拒绝履行合同。

（2）退一步来说，即使被申请人存在申请人所称的违约情形，但由于双方于2017年9月21日签订了《合同2》，对2017年8月14日的《合同1》部分内容进行了变更，应视为双方同意继续履行合同，新合同签订之前的事实对合同的履行没有影响。《合同2》对购房款的支付方式、过户时间、权利保证和违约责任等主要内容作了大的变更，并同意继续按照新的合同继续履行。由此可见，被申请人与申请人对于之前存在的争议和纠纷已经通过协商的方式进行解决，之后双方应按照《合同2》履行各自义务。所以，申请人仍以新合同签订之前的事实主张被申请人违约，没有任何事实和法律依据，依法不能成立。

（3）《合同2》是双方的真实意思表示，且没有违反法律、行政法规的强制性规定，属于合法有效的合同，依法应当受到法律的保护，双方当事人应当根据上述合同的约定履行各自的义务。

（4）申请人并没有按照《合同2》约定履行自己的义务，存在多处先行违约的情形，依法应当承担违约责任。

2017年9月21日签订的《房地产买卖合同》第3条约定：本合同签订之日起30日内，甲、乙双方应携带有关资料到肇庆市住房和城乡建设局办理过户手续。但申请人根本没有在签订合同后30日内即2017年10月20日前，通知被申请人办理房屋过户手续。且申请人拟交易房屋处于抵押状态，只有先行注销抵押才能办理过户，但是申请人也没有在签订合同后30日内办理注销抵押手续，导致该房屋客观上无法办理过户手续。因此，申请人的行为已经构成违约。

《合同2》第5条约定：甲方（即申请人）保证上述房屋没有产权纠纷和财务纠纷或其他权利限制，若发生买卖前即已存在任何纠纷或权利障碍，概由甲方负责处理，并承担相应法律责任，由此给乙方造成经济损失的，由甲方负责赔偿。从被申请人提供的2018年5月1日查询的《不动产档案详细资料》登记情况来看，涉案房屋从2014年11月4日即开始设定抵押，直至2018年5月1日该房屋仍处于抵押状态。由此可以证明，申请人的涉案房屋在签订两份合同前即已存在权利限制，而且签订两份合同后，申请人至今仍未办理注销抵押手续，导致涉案房屋无法办理过户手续，进而使《合同2》客观上无法履行，其责任完全在于申请人。

综上，申请人存在多处违约情形，应当按照《合同2》第6条第2款承担违约责任，退还定金并支付违约金给被申请人。

（5）由于申请人存在先违约行为，被申请人依法有权行使先履行抗辩权拒绝支付第1期房款，被申请人的行为依法不属于违约，申请人的请求和主张缺乏事实和法律依据。

《合同法》第67条规定："当事人互负债务，有先后履行顺序，先履行一方未履行的，后履行一方有权拒绝其履行要求。先履行一方履行债务不符合约定的，后履行一方有权拒绝其相应的履行要求。"本案，《合同2》第2条、第3条和第5条约定，被申请人和申请人履行各自义务的时间分别如下：被申请人应于2017年10月30日前支付第1期房款305 000元（含定金）；申请人应在本合同签订之日起30日内即2017年10月21日前，携带有关资料和被申请人到建设部门办理过户手续（包括先注销抵押）。

由此可见，申请人履行办理注销抵押和办理过户手续的义务在先，被申请人履行支付第1期房款的义务在后。根据上述法律的规定，在申请人未履行办理注销抵押和办理过户手续的义务之前，被申请人享有先履行抗辩权，即有权拒绝支付第1期房款。因此，被申请人的行为不构成违约，申请人请求被申请人承担违约责任没有法律依据。

（6）被申请人和申请人签订《合同1》的时间是2017年8月14日，约定的房屋单价约为每平方米8 000元。《合同2》签订后，肇庆地产受大湾区规划拖动，房价大幅上涨，至2017年10月份，敏捷广场的房价已上涨到每平方米12 000元以上。申请人通过各种方式阻止合同继续履行，其目的是不愿意将房屋按照原来的价格转让，收回房屋后再以高价转让他人，从中赚取巨大差价。

（7）被申请人在2017年11月1日前往邮政银行贷款部查询贷款进度，该部门工作人员称申请人在10月来称要调阅其房屋资料，故被申请人的房贷资料已退回经办支行。后经被申请人努力，经办支行重送资料报审，2017年11月23日房贷审批通过。奇怪的是，申请人在2017年11月23日下午即向肇庆仲裁委提起仲裁申请。由于申请人的干扰，银行于2017年12月15日出函终止了被申请人的贷款申请，理由是双方存在纠纷并进入法律程序。

基于上述事实与理由，申请人提起仲裁，要求解除合同的真正原因并不在于被申请人违约，而是故意单方毁约，目的是不愿意继续履行合同把房屋转让给被申请人，企图以高价转售给他人赚取更大差价。

（8）即使被申请人存在违约行为，申请人同时请求没收定金和支付违约金也不符合法律规定，依法应当予以驳回。

《合同法》第116条规定："当事人既约定违约金，又约定定金的，一方违约时，对方可以选择适用违约金或者定金条款。"由此可见，对于违约金和定金条款，当事人只能选择其一，不能同时主张违约金和定金条款。

（9）由于申请人存在先违约行为，其请求被申请人支付佣金和律师费也没有事实和法律依据。

被申请人称：反请求申请人、反请求被申请人双方后于 2017 年 9 月 21 日签订了《合同 2》，《合同 2》与《合同 1》有冲突的地方，视为对原合同的变更，应以《合同 2》为准。

根据《合同 2》第 3 条关于办理过户登记的约定：自该合同签订之日起 30 日内，甲乙双方应携带有关资料到房屋登记部门办理过户手续。即最迟应于 2017 年 10 月 20 日前办理案涉房屋的过户手续。但实际上，虽经反诉人多次催促被反诉人协助办理相关的过户手续，但被反诉人一直却对反诉人的请求置之不理。反而根据《合同 2》第 2 条第 2 款要求反诉人支付第 1 期房款 305 000 元（包括定金）。而该条规定反请求申请人支付第 1 期款时间是 2017 年 10 月 30 日前，即后于上述的案涉房屋办理过户手续的时间。因此，是反请求被申请人违反了合同的先履行义务，构成违约。根据《合同 2》第 6 条违约责任约定应承担赔偿反请求申请人 10 万元违约金。

此外，根据双方签订的《合同 1》第 12 条，双方履行合同过程中若产生纠纷，先协商解决，协商不成可直接向该合同物业所在地人民法院起诉。所产生的诉讼费、律师费由违约方支付。虽双方签订的《合同 2》第 8 条对合同争议的解决方法作出了变更，即向肇庆仲裁委员会提出仲裁，但关于产生的诉讼费、律师费由违约方支付没有变更，应仍然有效。因此，反请求被申请人应承担本案的仲裁费及律师费。据此，被申请人提出仲裁反请求如下：①裁决解除双方签订的《合同 1》和《合同 2》；②裁决反请求被申请人支付反请求申请人违约金 10 万元；③裁决反请求被申请人承担反请求申请人支出的律师费 8 000 元；④裁决由反请求被申请人承担本案全部的仲裁费用。

二、审理

仲裁庭经开庭审理，根据双方当事人的陈述、举证、质证、辩论以及庭审调查情况，查明了基本事实，但仲裁庭在合议过程中未能形成一致意见，一种意见认为前后两份合同都应作为解决双方争议的依据，另一种意见则认为应以《合同 2》作为基本依据。于是，仲裁庭提请专家咨询委员会发表意见。仲裁庭最后采纳了咨询委员会的意见，作出如下裁决：

（1）解除申请人邹某某、孔某某与被申请人刘某某分别于 2017 年 8 月 14 日和 2017 年 9 月 21 日签订的《房地产买卖合同》；

（2）申请人向被申请人返还定金 10 万元；

（3）申请人向被申请人支付违约金 10 万元；

（4）本案申请人支付的仲裁费 14 415 元和律师代理费 6 000 元，以及被申请人支付的仲裁费 14 819.7 元和律师代理费 8 000 元，由申请人和被申请人各自承担；

（5）驳回申请人其他仲裁请求和被申请人其他仲裁反请求。

三、评析

本案有两个主要的法律问题，一是适用哪一份合同作为裁案的基本依据？二是专家咨询委员会在仲裁中应该发挥怎么样的作用？

（一）合同的适用

要解决本案争议，首先应明确解决争议的基本依据，即合同适用问题。庭审时仲裁庭听取双方当事人的意见，申请人认为前后两份合同都应作为解决双方争议的依据，被申请人则认为应以《合同2》作为依据。仲裁员也分别持有这两个观点。

庭审中双方当事人均无表示《合同2》为《合同1》的补充协议。从条款形式看，《合同2》表现为一份独立、完整的新的合同。根据最高人民法院公布的指导案例提出的审判规则，相同当事人之间、相同事项上的不同约定，应以签订在后的协议变更签订在前的协议为基本原则。对《合同1》有约定而《合同2》无约定的情形，如中介佣金等，视为合同原约定未变更，《合同1》的约定仍然有效。仲裁庭采纳了专家委员会的意见，以《合同2》作为裁案的基本依据。

解决了合同适用问题后，违约责任问题即可迎刃而解。无论是《合同2》还是《合同1》，对于付款方式、履行方式均有约定，而且双方都有违约行为，但谁违约在先成为争议的焦点和解决问题的关键。根据《合同2》相关约定，明显是申请人违约在先。由于申请人未依约履行在先义务，被申请人即拥有先履行抗辩权——买方有权拒绝继续付款。故此，仲裁庭支持了被申请人的反请求，驳回了申请人的请求。

（二）专家咨询委员会

各仲裁机构基本上都设有专家咨询委员会，该咨询委员会是为仲裁机构的重大、疑难、复杂的案件发表咨询意见的。专家咨询委员会一般由学术水平较高、实践经验丰富、德高望重的专家组成，是仲裁机构确保公平公正裁案的重要手段。如何启动专家咨询程序？有两个途径，一是仲裁庭提议；二是仲裁机构主动提议。启动专家咨询程序后，案件的审理中止。

如何对待专家委员会的咨询意见？一般来讲，经过专家咨询委员会集体研究后对具体案件提出的咨询意见，基本是客观公正且符合案件实际的，仲裁庭应该采纳。

什么是仲裁过程中的"中间裁决"

申请人：广东某某水务有限公司
被申请人一：广州市南沙区某某船舶修造厂
被申请人二：黄某某

一、案情

申请人提出仲裁请求称：

2014年8月4日，申请人与被申请人一签订《69.98米多用途船（03号、06号）建造合同》（以下简称《建造合同》）约定：申请人委托被申请人一建造2艘69.98米多用途船（03号、06号），由申请人按进度提供资金，被申请人一负责在约定期限内完成船舶建造，建造总价人民币1140万元整，建造工期230天，如未能按期交船，每天从本项目合同价中扣除1‰（人民币11 400元），并以60天为限，如逾期60天，申请人可解除合同，要求被申请人一退还已付款及利息，并赔偿造成的所有损失。并约定了其他相关权利义务等。

合同签订后，双方确定于2014年10月12日开工，申请人依约按进度履行了付款义务，且实际超付了进度款。至2015年10月15日，申请人已经按合同约定支付进度款共计人民币8 107 997.43元。但由于被申请人一管理不善及挪用资金等原因，导致船舶建造进度严重拖延。2015年4月9日，被申请人一出具《承诺函》承诺：如未能按照合同约定期限交船，愿按合同承担责任，并承诺在8月15日前交船给申请人，逾期每拖延一天追加赔偿人民币1万元。

由于被申请人一在船舶建造过程中将申请人所支付的大量进度款挪作他用，导致涉案船舶建造资金出现严重短缺、船舶建造进度严重滞后，被申请人一未能按照合同约定期限交船。

2015年6月15日，为保障申请人的合法权益，双方签订《补充协议》，约定在建的2艘69.98米多用途船的所有权归申请人所有，建造期间在建船舶由被申请人一负责保管等内容。

2015年9月初，由于被申请人一长期拖欠下属工程队的工程款及工人工资，导致被申请人一下属工程队及员工集体罢工，致使造船项目完全停工。2015年10月19日，案外人以与被申请人一之间民间借贷纠纷，申请广州市南沙区人民法院查封了被申请人一工厂内包括申请人所有的在建船舶之内的大部分财产。此后不久，被申请人一因拖欠水费、电费被停水、停电，被申请人一锁闭工厂，遣散工人，其经营者被申请人二亦不接电话，故意躲避，拒绝协商解决。

申请人认为，案涉《建造合同》及《补充协议》系双方真实意思表示，合法有效。双方应当按约定履行义务，但被申请人一未能依约完成合同约定义务，无法按期完成船舶建造，应当向申请人支付逾期交船的违约金。又因目前被申请人一实际经营及经济状况已无法继续履行合同，已构成根本违约，被申请人一理应承担违约责任。被申请人一应将在建船舶移交给申请人，并按照目前已完成工程量核算，返还申请人超付的造船款人民币1 724 820元（详见附件《超付工程款明细表》）。另外，按照造船进度，2艘船舶至少仍需2个月时间才能建造完成，故被申请人一应赔偿申请人损失。

另外，根据《建造合同》第14条约定，双方在执行本合同时发生的一切争议和争执，可向本会申请仲裁。申请人现为维护自己的合法权益，特向本会申请仲裁，望判如所请。

作为仲裁申请书附件的《移交清单》还明确载明：被申请人一应向申请人（或申请人指定的第三人）移交2艘在建的69.98米多用途船（03号、06号）及附属设备设施如下：

（1）2艘在建的69.98米多用途船船体。

（2）2艘在建的69.98米多用途船船上附属设备设施（轮机管道、电缆、尾轴、舵轴）。

（3）在被申请人工厂内所有用于建造该船舶的已进场的设备、物资：①主机：4台，型号：WP12C55DE212，功率：405kW，转速：2100r/min；②副机：4台，型号：4135Acaf，超负荷功率：80.9kW，电机型号：TFX-225L4-HOUTPUT，功率：50kW；③发电机：2台，型号：395ADC，功率：19kW，额速：1500r/min；④电球：2台，型号：SB-HW4D-15，功率：15kW，额速：1500r/min。

申请人提出的仲裁请求包括：

（1）请求裁决解除双方签订的《69.98米多用途船（03号、06号）建造合同》及该合同的《补充协议》；

（2）请求裁决确认在建的2艘69.98米多用途船（03号、06号）的权属归申请人所有；

（3）请求裁决被申请人一立即向申请人（或申请人指定第三方）移交在建的2艘多用途船及附属设备设施（详见《移交清单》）；

（4）请求裁决被申请人一配合申请人（或申请人指定第三方）办理海事部门相关的关系、档案、资料移交或变更手续；

（5）请求裁决被申请人一向申请人返还多支付的造船合同进度款人民币 1 724 820 元；

（6）请求裁决被申请人一向申请人支付逾期交船违约金（自 2015 年 6 月 1 日起按每天人民币 11 400 元计算，以 60 天为限，自 2015 年 8 月 15 日起按每天 10 000 元计算，计算至裁决解除合同之日止，暂计至 2015 年 11 月 17 日为人民币 1 624 000 元）；

（7）请求裁决被申请人一赔偿申请人损失人民币 60 万元；

（8）请求裁决被申请人一向申请人支付维权所产生的费用人民币 15 万元（包括律师费人民币 12 万元、差旅费用等人民币 3 万元）；

（9）请求裁决两名被申请人对以上义务及债务承担连带责任；

（10）请求裁决本案仲裁费用、诉讼保全费用由两被申请人承担。

被申请人没提交书面答辩。

二、审理

肇庆仲裁委员会受理后，于 2016 年 1 月 25 日下午 3 点，仲裁庭进行了开庭审理。申请人特别授权的委托代理人到庭参加了整个庭审程序。两名被申请人经书面通知无正当理由没有到庭。仲裁庭根据《仲裁法》第 42 条和《仲裁规则》第 42 条的规定，进行了缺席审理。

2016 年 2 月 6 日，考虑到本案的实际情况，为了避免损失的进一步扩大，依据《仲裁法》第 55 条和《仲裁规则》第 52 条的规定，根据仲裁庭已经审理查明的相关案件事实，特别就申请人提出的第（1）、（2）、（3）、（4）、（6）、（7）、（8）、（9）、（10）项仲裁请求中除本案仲裁费用承担外的仲裁请求部分作出中间裁决。中间裁决如下：

（1）解除双方签订的《69.98 米多用途船（03 号、06 号）建造合同》及该合同的《补充协议》；

（2）确认在建的 2 艘 69.98 米多用途船（03 号、06 号）的权属归申请人所有；

（3）被申请人一应立即向申请人（或申请人指定第三方）移交在建的 2 艘多用途船及附属设备设施（详见移交清单）；

（4）被申请人一应配合申请人（或申请人指定第三方）办理海事部门相关的关系、档案、资料移交或变更手续；

（5）被申请人一应向申请人支付逾期交船违约金（自 2015 年 6 月 1 日起按每天人民币 11 400 元计算，以 60 天为限，自 2015 年 8 月 15 日起按每天 10 000 元计算，计算至裁决解除合同之日止，暂计至 2015 年 11 月 17 日为人民币 1 624 000 元）；

（6）驳回申请人要求"裁决被申请人一赔偿申请人损失人民币60万元"的仲裁请求；

（7）被申请人一应向申请人支付维权所产生的律师费人民币12万元；

（8）驳回申请人要求"裁决被申请人一向申请人支付维权所产生的差旅费人民币3万元"的仲裁请求；

（9）两名被申请人对以上义务及债务承担连带责任；

（10）本案诉讼保全费人民币5000元由两名被申请人承担，该费用已经由申请人预交，应该由两名被申请人直接支付给申请人。

对于申请人提出的第（5）项仲裁请求和第（10）项仲裁请求中有关仲裁费用的承担等内容，仲裁庭将在以后查清相关事实后再依法作出裁决。此后，案件中止。

2018年4月2日，申请人向本会提交《申请书》。请求本会依法对申请人的剩余未裁决部分仲裁请求一并作出裁决。本会向双方当事人发出《恢复仲裁程序通知书》，通知双方当事人本案自其收到本通知之日起恢复仲裁程序。

2018年8月3日，本会仲裁庭依法作出仲裁裁决，如下：

（1）解除双方签订的《69.98米多用途船（03号、06号）建造合同》及该合同的《补充协议》；

（2）确认在建的2艘69.98米多用途船（03号、06号）的权属归申请人所有；

（3）被申请人一应立即向申请人（或申请人指定的第三方）移交在建的2艘多用途船及附属设备设施（详见移交清单）；

（4）被申请人一应配合申请人（或申请人指定的第三方）办理海事部门相关的关系、档案、资料移交或变更手续；

（5）驳回申请人要求"裁决被申请人一向申请人返还多支付的造船合同进度款人民币1 724 820元"的仲裁请求；

（6）被申请人一应向申请人支付逾期交船违约金（自2015年6月1日起按每天人民币11 400元计算，以60天为限，自2015年8月15日起按每天10 000元计算，计算至裁决解除合同之日止，暂计至2015年11月17日为人民币1 624 000元）；

（7）驳回申请人要求"裁决被申请人一赔偿申请人损失人民币60万元"的仲裁请求；

（8）被申请人一应向申请人支付维权所产生的律师费人民币12万元；

（9）驳回申请人要求"裁决被申请人一向申请人支付维权所产生的差旅费人民币3万元"的仲裁请求；

（10）本案诉讼保全费人民币5000元由两被申请人承担，该费用已经由申请人预交，应该由两被申请人直接支付给申请人；

(11) 两名被申请人对以上义务及债务承担连带责任；

(12) 本案仲裁费人民币 76 240.2 元，由申请人承担 20%，即人民币 15 248.04 元，由两名被申请人承担 80%，即人民币 60 992.16 元。

至此，案件全部审理完毕。

三、评析

中间裁决是仲裁庭针对某些特定案件，并就案件的部分争议问题作出的裁决，也叫部分裁决。对中间裁决的定义、性质、范围，有各种不同的观点。有学者认为，中间裁决仅限于程序问题。也有学者认为，中间裁决可包括程序问题和实体问题。各国有关法律或有关仲裁规则也未对中间裁决作明确定义。我国《仲裁法》第 55 条规定："仲裁庭仲裁纠纷时，其中一部分事实已经清楚，可以就该部分先行裁决。"业界认为，实践中的"中间裁决"的法理依据就是《仲裁法》所说的"先行裁决"。与此类似的概念还有"临时裁决"，临时裁决等同于保全措施，但我国的《仲裁法》对此没有规定。

之所以存在中间裁决，有其特定的现实意义，因为在办理仲裁案件的实践中，就某些个案而言，仲裁庭在审理过程中，查清了部分事实，而查清全部事实因涉及鉴定、取证等诸多因素尚待时日，不及时作出裁决的话会给当事人造成更大的损失，为便于继续审理其他问题和及时维护当事人的合法权益，需要就已查清的部分事实作出裁决，这种裁决也是终局性的裁决。

仲裁员担任案件代理人的困惑
——某律师代理所属仲裁机构案件引争议

申请人：周某某
被申请人：湖南万某源商业集团有限公司

一、案情

周某某与万某源商业集团有限公司（以下简称万某源公司）签订了一个老年公寓项目合作协议。合作过程中，双方发生了一笔借贷关系（出借人为申请人，借入人为被申请人），对于借贷事实和数额，双方不持异议，只是对周某某将该借款变更为项目合作转让款持有异议，双方争议的焦点是涉及项目份额合作协议中转让款是否全额履行的问题，属项目份额合作协议调整的内容。2013年9月2日，申请人周某某因为与被申请人万某源公司项目合作合同产生纠纷，向湘潭仲裁委申请仲裁。

在此过程，周某某委托潭州律师事务所主任何某为代理律师。而何某的身份除了律师外，还是湘潭仲裁委的仲裁员。

2013年11月11日，湘潭仲裁委作出了（2013）潭仲裁字第214号《裁决书》，解除申请人周某某与被申请人万某源公司于2011年5月23日签订的《湘潭市桑榆老年公寓项目开发合作股份转让协议书》，由万某源公司向周某某返还本金2529万元，支付赔偿金1466万余元。

万某源公司不服该裁决，以裁决超越了周某某仲裁请求的范围、程序违法等五项理由，向湘潭市中级人民法院申请撤销。2014年3月7日，湘潭市中级人民法院做出裁定，驳回万某源公司的申请。

随后，周某某申请强制执行仲裁裁决。万某源公司认为，当事人没有达成书面仲裁协议，律师何某与该案仲裁员同属于湘潭仲裁委而未回避，于是又向湘潭市中级人民法院提出不予执行裁决的申请。

2014年5月9日，法院驳回万某源公司的申请，对湘潭仲裁委做出的裁决予以强制执行。

二、投诉

2015年年底，被申请人万某源公司的董事长唐某骏，就对方的代理人何某律师的仲裁员的身份问题，向湘潭市司法局提出质疑，要求湘潭市司法局处理。湘潭市司法局审查后，于2016年3月作出回复。

湘潭市司法局认为，首先，何某只是周某某一方的代理人，不是案件双方代理人，且仲裁事项与何某本人及其近亲属没有利益冲突，因此不属于《律师法》禁止行为。其次，《仲裁法》规定从业满8年的律师可以成为仲裁员，即便何某是仲裁员，她也并非本案仲裁庭的成员，因此不构成违规。此外，何某被聘请为湘潭仲裁委委员是事实，但此种聘任不属于职务序列的聘任，不存在劳动人事关系，因此不能认为湘潭仲裁委是何某的工作单位。《处罚办法》中的"任职"应该仅指建立劳动人事关系。此外，律师只有在当事人选定的情况下，才会成为仲裁庭成员。

之后，唐某骏不满湘潭市司法局的回复，向湖南省司法厅申请复查。

湖南省司法厅复查后于2016年4月作出了回复。省司法厅认为，湘潭市司法局的处理意见理由不充分，责成湘潭市司法局重新作出处理决定。

湘潭市司法局复查后，重新作出处理意见。意见仍然认为，何某律师没有违反《律师法》和《仲裁法》规定，她的行为不适用《处罚办法》，因而再次驳回了唐某骏的请求。

湘潭市司法局认为，第一，《律师法》在立法性质上属于法律，《处罚办法》属于部门规章。从理论上说，司法部不具有《宪法》和《立法法》规定的法律解释权，故《处罚办法》第7条对《律师法》第47条第3项进行解释不妥。第二，如果唐某骏对仲裁员的资格有异议，应在首次开庭时提出，而非庭审结束数年后提出，《仲裁法》对此也有规定。

三、评析

（一）本案争议所涉的法律及有关规定

《仲裁法》第58条规定："当事人提出证据证明裁决有下列情形之一的，可以向仲裁委员会所在地的中级人民法院申请撤销裁决：（一）没有仲裁协议的；（二）裁决的事项不属于仲裁协议的范围或者仲裁委员会无权仲裁的；（三）仲裁庭的组成或者仲裁的程序违反法定程序的；……"

《民诉法》第237条规定："被申请人提出证据证明仲裁裁决有下列情形之

一的，经人民法院组成合议庭审查核实，裁定不予执行：（一）当事人在合同中没有订有仲裁条款或者事后没有达成书面仲裁协议的；（二）裁决的事项不属于仲裁协议的范围或者仲裁机构无权仲裁的；（三）仲裁庭的组成或者仲裁的程序违反法定程序的；……"

《律师及律师事务所违法行为处罚办法》第7条规定："有下列情形之一的，属于《律师法》第47条第3项规定的律师"在同一案件中为双方当事人担任代理人，或者代理与本人及其近亲属有利益冲突的法律事务的"违法行为：……（四）曾担任法官、检察官的律师，以代理人、辩护人的身份承办原任职法院、检察院办理过的案件的；（五）曾经担任仲裁员或者仍在担任仲裁员的律师，以代理人身份承办本人原任职或者现任职的仲裁机构办理的案件的。"

在我国的法律体系中，《仲裁法》《民诉法》属于法律，而《律师及律师事务所违法行为处罚办法》属于部门规章，效力低于前者。

（二）律师具有仲裁员身份时是否需要回避

根据我国《仲裁法》第13条规定，符合"三八两高"条件人员可以担任仲裁员。各仲裁机构有相当数量的仲裁员是执业律师。为尽量避免律师执业与仲裁员职业的利益冲突，各仲裁机构在吸收律师担任仲裁员时，都会在仲裁员数量比例上予以一定的控制，例如律师仲裁员的比例不超过40%或30%。对于具有仲裁员身份的律师，是否可以担任所属仲裁机构的仲裁案件的代理人？我国的法律和司法解释都没有明确规定。在仲裁实务和司法实践中，存在着两种截然不同的态度。

一是"严格派"。这派观点认为，对于具有仲裁员身份的律师，不能担任所属仲裁机构的仲裁案件的代理人，否则当事人可以申请人民法院撤裁或不予执行，人民法院应当按照《仲裁法》第58条第3款"仲裁庭的组成或仲裁的程序违反法定程序"规定予以撤裁，或按照《民诉法》第237条第3款"仲裁庭的组成或仲裁的程序违反法定程序"规定裁定不予执行。

二是"宽泛派"。这派观点认为，对于具有仲裁员身份的律师，不能当然地排除担任所属仲裁机构的仲裁案件的代理人。也就是说，不能仅仅因为某律师是仲裁委的仲裁员，就不允许其担任该仲裁委所有案件的代理人，用这种片面的手法剥夺其代理人资格是不公平的。仲裁员，相当于仲裁委的专家库成员，与仲裁委不存在任何劳动合同关系。仲裁员来自五湖四海，仲裁员互相之间很多都不相熟，甚至根本不认识，更谈不上利害关系。《仲裁法》第58条第3款、《民诉法》第237条第3款的适用对象是"仲裁庭"的组成，而不是"代理人"的组成，把这两个条款援引为撤裁或不予执行的依据不妥。

第一个观点其实混淆了"仲裁庭"与"代理人"的界限，犯了时空倒置的毛病。按照这个逻辑，上述案件中，仲裁委所有的仲裁员都必须回避，都不能成为本案件的仲裁员。而根据《仲裁法》和当事人意思自治的原则，仲裁委或仲裁庭无权要求当事人的代理人回避，也无权要求当事人更换代理人。这个逻辑把案件审理带进了一个"没有适格仲裁员"死胡同。司法实践中，法院也越来越倾向于采取第二种观点。例如，河南省新乡市中级人民法院在（2013）新中民三初字第 86 号《民事判决书》中，就采纳了第二种观点，认为"仲裁法及民事诉讼法相关法律及司法解释没有将担任仲裁员的律师代理所在委员会所审理案件的行为作为据以撤销仲裁裁决的违反仲裁法定程序的情形，且《律师和律师事务所违法行为处罚办法》是司法部关于律师违法行为处罚方面的部门规章，不能作为认定该行为是否违反法定程序的依据"。

后记：挑战与发展

我国《仲裁法》实施 20 多年，全国各地建立了 250 多家仲裁机构，但是目前公民仲裁法律意识依然低下，很多仲裁机构发展面临困境与障碍，有的甚至连生存都成问题。仲裁为社会经济服务、解决经济社会发展中产生的矛盾的作用远未发挥。究其原因，既有社会经济方面的原因，也有制度设计的原因，更有仲裁机构本身的原因。对于仲裁发展中存在的问题，有很多探讨，也有很多说法，不一一列举。笔者认为，仲裁的进一步发展，必须解决好以下问题。

一、仲裁机构行政化

我国《仲裁法》规定仲裁委员会由市级人民政府组织有关部门和商会统一组建。实践中在仲裁机构的组建上政府起了主要作用，并过多地介入仲裁活动。某些地方政府组建仲裁委员会后，把其交给司法部门或法制部门管理，作为其下属职能部门，这不符合设立仲裁机构的初衷。在行政管理上，在经费管理、办公用房等方面也是按照国家机关或事业单位的模式予以管理，制约了仲裁机构的发展，影响了其独立性。目前，仲裁机构的组成人员（领导成员）由政府有关部门的官员组成，仲裁委员会的主任多数由有关领导兼任，可以说这个层面是虚的。在领导成员的下面再设立秘书处，负责日常运作，秘书处才是一个实体。仲裁机构的领导成员多数对仲裁工作不甚了解，但仲裁机构的自身建设的重大问题需提交他们研究讨论，他们也很难说出中肯的意见。这种模式来自前苏联。这种模式在仲裁委组建初期发挥了积极的作用，但长久下去如不加以改革不仅会损害仲裁的民间性，而且还会影响仲裁机构的独立性和仲裁活动的公正性。

二、仲裁机构商业化

与仲裁机构行政化相对应的是仲裁机构商业化。如果说，仲裁机构行政化会导致仲裁机构陷于僵化，增加其依附性、影响其公正性的话，那么仲裁机构商业化则会导致仲裁机构走向另一个极端，仲裁会失去本性，诱发其野蛮性、唯利性，最后也影响其公正性。我国个别地方政府组建了仲裁机构后，由于运转困难,于是放任仲裁机构走上了承包经营或变相承包经营的道路,财政急于甩包袱也乐见其成,有的仲裁委暗中与律师事务所结成利益共同体,以律师出面的方式诱使当事人签订仲裁协议从中牟利;有的仲裁委以律师事务所或社会中介为依托到处设立营业点,以分会、巡回庭、庭审中心、办事处等为名堂遍地开花;有的仲裁机构游走在民间借贷的灰色地带,为不法商人洗钱;有些仲裁机构低价竞争,以每个案件几十元的价格诱使当事人在签订合同时就作出"先予裁决"等等,极大地影响了仲裁的公信力。

三、仲裁程序诉讼化

　　仲裁与诉讼的根本区别在于仲裁的契约性,双方当事人之间的合意是仲裁权的来源。然而,商品经济在我国发育的时间不长,与之配套的商事仲裁意识不强,仲裁活动中的"意思自治"这一核心灵魂得不到充分的尊重与舒展,而诉讼活动的理念与方式却对仲裁产生了巨大影响,助长了仲裁程序诉讼化。其主要有:第一,把民诉法的内容照搬照套于仲裁规则之中,最典型的例子就是1995年国务院办公厅办颁布的《仲裁委员会仲裁暂行规则示范文本》。后来随着国际经济活动交流的深入,人们才发现世界上的仲裁并不是这么回事。第二,对仲裁机构进行司法化的管理。个别地方把仲裁委与公检法一样列入司法序列,划归政法委统一协调。有的仲裁委把法院立案、庭审的做法搬了过来,甚至庭审场地的设置也做得与法院一模一样。个别地方甚至曾经为仲裁委配置了警车。仲裁委几乎成了地方的"第二法院"。第三,对仲裁程序的监督诉讼化。当事人向法院申请撤裁或不予执行时,一些法官往往以民诉法而不是仲裁规则为标准衡量仲裁程序是否违法,他们忽略了仲裁规则的法律属性与法律功能。例如,在送达方面,民诉法规定得很具体很严格,法院可以强制当事人接收法律文书,这是诉讼的官方性、强制性使然。但仲裁由于其非官方性和自愿性,并不具有这些权力,所以国际仲裁送达以投递作为送达成功的标志。按照民诉法规定一些仲裁送达是不成功的,而按照仲裁规则规定却是成功的、有效的,但法院审查时,很多情况下套用民诉法的规定以送达未成功作为不予执行和撤裁的理由。凡此种种大大减损了仲裁的简便性、灵活性和快捷性。只有解决了以上问题,仲裁才能回归其应有之义。

　　可喜的是,以上第三个问题已在逐步淡化,一些仲裁机构引入国际仲裁理念重新修订了仲裁规则,摒弃了原先的暂行规则;法院在行使仲裁的司法监督权时,也越来越多地尊重仲裁规则的规定。最高人民法院2018年2月23日《关于人民法院办理仲裁裁决执行案件若干问题的规定》第14条规定:"仲裁庭按照仲裁法或仲裁规则以及当事人约定的方式送达仲裁法律文书,当事人主张不符合民事诉讼法有关送达规定的,人民法院不予支持。"这是法院在审查仲裁送达方面向前迈进了一大步。

　　仲裁在解决民商事纠纷上具有高效、快捷、经济等优势，作为解决民商事纠纷的一条重要途径，商事仲裁在西方国家具有久远的历史，它一直是西方国家民商事主体解决商事合同纠纷和其他财产权益纠纷的首选方式。随着我国社会经济的发展，仲裁实践的丰富，人们认识的加深，以上第一、第二方面的问题将会逐渐解决，仲裁在化解纠纷方面将会发挥更大的积极作用。